James Audu Gana
Thomas Hoppe

Energieeffizienzpolitik für große Elektrohaushaltsgeräte

D1825516

James Audu Gana
Thomas Hoppe

Energieeffizienzpolitik für große Elektrohaushaltsgeräte

Nigeria, Fallstudie

ScienciaScripts

Imprint

Any brand names and product names mentioned in this book are subject to trademark, brand or patent protection and are trademarks or registered trademarks of their respective holders. The use of brand names, product names, common names, trade names, product descriptions etc. even without a particular marking in this work is in no way to be construed to mean that such names may be regarded as unrestricted in respect of trademark and brand protection legislation and could thus be used by anyone.

Cover image: www.ingimage.com

This book is a translation from the original published under ISBN 978-3-659-70715-5.

Publisher:
Sciencia Scripts
is a trademark of
Dodo Books Indian Ocean Ltd. and OmniScriptum S.R.L publishing group

120 High Road, East Finchley, London, N2 9ED, United Kingdom
Str. Armeneasca 28/1, office 1, Chisinau MD-2012, Republic of Moldova, Europe

ISBN: 978-620-7-95572-5

Das Inhaltsverzeichnis:

Abstrakt

Die Einführung energieeffizienter Elektrogeräte in den Haushalten birgt ein großes Potenzial zur Senkung des Stromverbrauchs in Nigeria. Um diesen Prozess voranzutreiben, ist eine gut formulierte und umsetzbare Energieeffizienzpolitik erforderlich. Um eine wirksame und effiziente Energieeffizienzpolitik zu entwerfen, war eine empirische Untersuchung der aktuellen Energieeffizienzpolitik und -praktiken erforderlich.

In dieser Arbeit wurde die Untersuchung der Energieeffizienzpolitik für Elektrogroßgeräte im Wohnbereich mit Hilfe des Governance Assessment Tools (GAT) angegangen. Die Hauptforschungsfrage lautet: "Was lässt sich aus dem Governance-System der Energieeffizienzpolitik und -praktiken lernen, die auf Elektrogroßgeräte im Wohnbereich in Nigeria ab dem Jahr 2008 bis heute ausgerichtet sind?" Ziel war es, eine explorative Studie durchzuführen, um den Grad der Umsetzung und die Arten von Energieeffizienzmaßnahmen und -praktiken zu erfassen und Empfehlungen für die Politikgestaltung abzugeben.

Die Studie umfasste vier Fallstudien und zehn halbstrukturierte Interviews, um qualitative Daten zu sammeln. Gegenwärtig ist das von Nigeria eingesetzte Governance-System für die Energieeffizienz von elektrischen Haushaltsgroßgeräten nur schwach entwickelt (Selbstregulierung), was möglicherweise auf eine fehlende Politik zurückzuführen ist, und das Ergebnis der GAT-Bewertung zeigt, dass die Governance für die Energieeffizienz von elektrischen Haushaltsgroßgeräten in Nigeria nicht effektiv war. Die Wechselbeziehung zwischen GAT und CIT bei der Umsetzung von Energieeffizienzmaßnahmen und -praktiken zeigt jedoch, dass: (1) in Bezug auf die Wahrscheinlichkeit der Anwendung lernt Nigeria über die Entwicklung einer aktiven Zusammenarbeit und (2) in Bezug auf den Grad der angemessenen Anwendung lernt Nigeria über eine konstruktive Zusammenarbeit.

Es wurde empfohlen, dass sich das ECN an die Spitze der Lobbyarbeit setzen kann, um alle Interessengruppen mit Hilfe eines Bottom-up-Ansatzes an einen Tisch zu bringen, einschließlich des privaten Sektors und der Haushalte selbst, und um den privaten Sektor im Rahmen seiner sozialen Verantwortung um eine Finanzierung zu bitten.

Danksagung

Zuallererst möchte ich dem allmächtigen Gott danken, der mir das Leben und den Raum gegeben hat, diesen Masterstudiengang zu absolvieren. Meine Anerkennung und Wertschätzung gilt meinen Betreuern, Dr. Thomas Hoppe und Dr. Giles Stacey von der Universität Twente, für ihre Aufgeschlossenheit, ihre konstruktiven und rechtzeitigen Rückmeldungen und ihre Anleitung während der Erstellung dieser Arbeit.

Ich möchte der Leitung der Energiekommission von Nigeria dafür danken, dass sie mir die Teilnahme an diesem Masterstudiengang ermöglicht hat. Meine besondere Anerkennung gilt dem niederländischen Stipendienprogramm (NUFFIC) für die Finanzierung meines Masterprogramms und der Lebenshaltungskosten in den Niederlanden.

Diese Arbeit wäre nicht vollständig ohne die Erwähnung meiner geliebten Frau, meiner Familienmitglieder und meiner Freunde für ihre Unterstützung während meines Studiums.

Schließlich bin ich dankbar für das Wissen, das ich erworben habe, die Erfahrungen, die ich gesammelt habe, meine Klassenkameraden, Kurskoordinatoren, alle Dozenten von MEEM und die Menschen, die ich während des letzten Jahres getroffen habe.

Kapitel 1

1: Einleitung

1.1 Hintergrundinformationen

Mit einer geschätzten Bevölkerung von etwa 165 Millionen (NBS, 2012) und einem BIP-Wachstum von 5,09 %, 6,66 % und 7,41 % für die Jahre 2011, 2012 bzw. 2013 (NBS, 2014) ist Nigeria die bevölkerungsreichste und am schnellsten wachsende Volkswirtschaft in Afrika. Es ist allgemein anerkannt, dass ein enger Zusammenhang zwischen der Verfügbarkeit von Strom und der sozioökonomischen Entwicklung besteht. Dies erklärt, warum die Stromnachfrage in Nigeria schnell steigt.

Daten der Weltbank aus dem Jahr 2010 zeigen, dass 50 % der Menschen in Nigeria keinen Zugang zu Elektrizität haben, was dazu führt, dass Nigeria die niedrigste Nettostromerzeugung pro Kopf der Welt hat (EIA, 2013). Die prognostizierte Stromnachfrage bei einer BIP-Wachstumsrate von 7 % beträgt 24.380 MW bis zum Jahr 2015 (ECN, 2012), und die Stromerzeugungskapazität stieg bis Ende 2013 auf 6.579 MW (EIA, 2013), so dass ein Defizit von 17.801 MW verbleibt, was zu häufigen Lastabwürfen, Stromausfällen und dem verstärkten Einsatz privater Stromerzeuger führt. "Laut einer Harvard-Studie aus dem Jahr 2010 werden mehr als 30 % des Stroms mit schmutzigen Brennstoffen wie Benzin und Dieselöl durch private Generatoren erzeugt. (EIA, 2013) Unternehmen kaufen oft teure Generatoren für die Notstromversorgung bei Stromausfällen. Darüber hinaus verwendet die Mehrheit der Nigerianer traditionelle Biomassequellen wie Holz, Holzkohle und Abfälle, um den Energiebedarf in den Haushalten zu decken, etwa zum Kochen und Heizen" (EIA, 2013).

Die nigerianische Bundesregierung hat sich mehrere Ziele zur Steigerung der Stromerzeugung gesetzt. Bis 2020 sollen 20.000 MW aus fossilen Brennstoffen und 5.690 MW aus Wasserkraft erzeugt werden (EIA, 2013). Die Regierung hat der Stromerzeugung so viel Aufmerksamkeit gewidmet, dem Stromverbrauch jedoch kaum (wenn überhaupt) Beachtung geschenkt. Bei vielen der bereits in Betrieb genommenen und derzeit genutzten Kraftwerke in Nigeria handelt es sich um gasbetriebene Wärmekraftwerke, die nicht erneuerbare (fossile) Energieträger verwenden und daher Quellen von Treibhausgasemissionen sind.

Die Einführung bewährter Praktiken und einer Kultur der Energieeffizienz in Nigeria wird dazu beitragen, dass mehr Menschen Zugang zu Elektrizität erhalten, der Bau von Kraftwerken verringert wird und somit mehr Geld für andere wichtige Wirtschaftszweige im Land zur Verfügung steht. Die Förderung und Verbreitung eines groß angelegten, konkreten nationalen Energieeffizienzprogramms ist eine wichtige Initiative, um den Verbrauch einer Reihe wichtiger elektrischer Haushaltsgeräte, insbesondere von Beleuchtung, Kühlschränken und Klimaanlagen, zu senken.

Die nigerianische Regierung hat über die Energy Commission of Nigeria (ECN) in Zusammenarbeit mit der Wirtschaftsgemeinschaft Westafrikanischer Staaten (ECOWAS) und der Regierung der Bundesrepublik Kuba eine Erhebung über den Energieverbrauch der Haushalte in 26 Siedlungen in der Stadt Abuja durchgeführt. Anschließend wurden in Abuja und anderen Bundesstaaten eine Million Glühlampen durch Kompaktleuchtstofflampen (CFL) ersetzt. Die Programmkosten beliefen sich auf 1.891.856 $ und ermöglichten monatliche Stromeinsparungen von 3.197 MWh, was 674.543 $ entspricht und eine Amortisationszeit von 2,8 Monaten hat.

Vor kurzem hat das Entwicklungsprogramm der Vereinten Nationen (UNDP) mit Unterstützung der Globalen Umweltfazilität (GEF) und in Zusammenarbeit mit dem ECN, dem nigerianischen Bundesumweltministerium (FME) und dem Nationalen Zentrum für Energieeffizienz und Energieeinsparung (NCEEC) mit der Umsetzung eines politischen Programms zur Förderung der Energieeffizienz in Nigeria begonnen. Das Gesamtziel des Projekts ist die Verbesserung der Energieeffizienz einer Reihe von Endverbrauchsgeräten (Beleuchtung, Klimaanlagen und Kühlschränke), die in Nigeria verwendet werden, durch die Umsetzung einer Politik, gesetzlicher Instrumente und eines Programms zur Nachfragesteuerung. Das Projekt zielt darauf ab, die Energienachfrage zu senken. Zu diesem Zweck wurde in den sechs geopolitischen Gebieten Nigerias eine Studie zur Verbrauchsmessung oder ein Audit durchgeführt.

1.2 Problemstellung

ECN, die mit der Formulierung der Politik und der strategischen Planung für den Energiesektor in Nigeria beauftragte Regierungsbehörde, hat in ihrer Nationalen Energiepolitik und ihrem Nationalen Energie-Masterplan (ECN, 2003 und 2007) die Politik für Energieeffizienz und Energieeinsparung wie folgt festgelegt:

i.   Die Energieeinsparung soll auf allen Ebenen der Nutzung der Energieressourcen des Landes gefördert werden.

ii. Die Nation fördert die Entwicklung und Einführung energieeffizienter Methoden der Energienutzung.

Die obigen Ausführungen werden die Verwendung ineffizienter Geräte in nigerianischen Haushalten nicht verhindern können. Daher ist es notwendig, eine geeignete Energiepolitik für die effiziente Nutzung von

Energie bei Beleuchtung, Kühlgeräten und Klimaanlagen zu entwerfen und umzusetzen.

1.3 Bedeutung der Forschung

Um eine wirksame und effiziente Energieeffizienzpolitik für Elektrogroßgeräte im Wohnbereich in Nigeria zu entwickeln, ist eine empirische Untersuchung der derzeitigen Energieeffizienzpolitik und -praxis erforderlich.

1.4 Wichtige Konzepte

Für die Zwecke dieses Forschungsprojekts werden die folgenden Konzepte auf der Grundlage von Erkenntnissen aus verschiedenen wissenschaftlichen Literaturen erarbeitet.

Energieeffizienz bedeutet, weniger Energie zu verbrauchen, um das gleiche oder ein besseres Dienstleistungsniveau für den Energieverbraucher auf wirtschaftlich effiziente Weise bereitzustellen (Goldman, et al., 2010 und Ghaderi, et al., 2014).

Ein Haushalt ist definiert als eine Gruppe von Personen, die normalerweise in derselben Wohnung leben und ihre Mahlzeiten gemeinsam einnehmen und einen gemeinsamen Haushaltsvorstand anerkennen, der tatsächlich mit den übrigen Haushaltsmitgliedern zusammenleben muss (Beaman und Dillon, 2012).

Politik wird definiert als eine "zielgerichtete und kohärente Vorgehensweise, die als Reaktion auf ein von einer Wählerschaft wahrgenommenes Problem entwickelt, in einem spezifischen politischen Prozess formuliert und von einer öffentlichen Behörde angenommen, umgesetzt und durchgesetzt wird" (Hayes, 2014) oder als ein "theoretisches oder technisches Instrument, das formuliert wird, um spezifische Probleme zu lösen, die Gesellschaften über verschiedene Zeiträume und geografische Räume hinweg direkt oder indirekt betreffen" (Estrada 2011).

Regieren: "Governance ist die Kombination der relevanten Vielfalt von Verantwortlichkeiten und Ressourcen, instrumentellen Strategien, Zielen, Akteursnetzwerken und Maßstäben, die einen Kontext bildet, der in gewissem Maße Handlungen und Interaktionen einschränkt und in gewissem Maße ermöglicht" (Bressers et al., 2013). Ein Governance-System ist der Prozess, durch den sich eine Organisation oder eine Gesellschaft selbst steuert. Dabei geht es um die funktionalen Anforderungen, die in jedem sozialen System erfüllt werden müssen, z. B. die Notwendigkeit, externe Herausforderungen zu bewältigen, interne Konflikte zu vermeiden, Ressourcen zu beschaffen, um den Erhalt und das Wohlergehen des Systems zu sichern, und Ziele und Strategien zu formulieren, um diese zu erreichen (Bazilian, et al., 2014).

Große Haushaltsgeräte sind die größten Stromverbraucher in Haushalten. Dazu gehören Heizungsanlagen, Kühlgeräte, Beleuchtung, Warmwasserbereitung, Klimaanlagen, Waschmaschinen und Trockner usw. (Young 2008, Bertoldi und Atanasiu, 2009 und Mills und Schleich, 2010).

1.5 Empirischer Forschungsrahmen

"Der Forschungsrahmen ist eine schematische und stark visualisierte Darstellung der Schritte, die unternommen werden müssen, um das Forschungsziel zu erreichen" (Verschuren und Doorewaard, 2010: 19).

Schritt 1: Kurze Beschreibung des Ziels des Forschungsprojekts - Das Ziel dieser Forschung ist es, den Stand der Umsetzung und die Arten von Energieeffizienzmaßnahmen und -praktiken für Elektrogroßgeräte im Haushaltssektor in Nigeria zu erfassen und Empfehlungen für die Politikgestaltung zu geben.

Schritt 2: Festlegung des Forschungsgegenstandes - Die vier Forschungsgegenstände in dieser Untersuchung sind die Umsetzung der Energieeffizienzpolitik durch ECN, NCEEC, NCERD und NERC.

Schritt 3: Festlegung der Forschungsperspektive - Bei dieser Untersuchung geht es um die Bewertung praxisorientierter Forschung, daher besteht die Forschungsperspektive aus Bewertungskriterien im Bereich der öffentlichen Verwaltung. Die Bewertung der Governance basiert auf der Identifizierung des Regimes und der Bewertung des Regimes anhand von Kriterien.

Schritt 4: Bestimmung der Quellen für die Forschungsperspektive - Das Governance Assessment Tool (GAT) (Bresser et al., 2013) wurde auf der Grundlage des Studiums der wissenschaftlichen Literatur angenommen.

Wichtige Konzepte	Theorie
Dimension der Governance	Theorie des GAT
Qualität der Verwaltung	Theorie des GAT

Es wurde einschlägige Literatur studiert, aus der Folgendes hervorgeht:
Um ein Regime zu identifizieren, werden fünf Dimensionen verwendet:
(i)   Niveaus und Skalen
(ii) Akteure und ihre Netzwerke
(iii) Problemwahrnehmung und Zielvorstellung
(iv) Strategien und Instrumente
(v)   Ressourcen und Organisation der Umsetzung

Zur Bewertung der Regelung werden folgende Kriterien herangezogen:
(i)   Ausmaß
(ii)   Kohärenz
(iii)   Flexibilität
(iv)   Intensität
Schritt 5: Schematische Darstellung des Forschungsrahmens nach dem Prinzip der Konfrontation - Der schematische Rahmen dieser Untersuchung wird im Folgenden dargestellt:

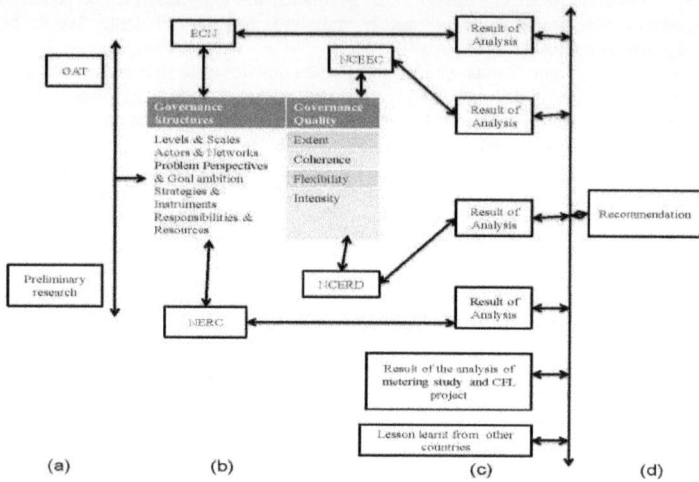

Abbildung 1.1: Schematische Darstellung des Forschungsrahmens
    1.6 Ziel der Forschung
Das übergeordnete Ziel dieser Studie ist es, den Stand der Umsetzung und die Art der Energieeffizienzmaßnahmen und -praktiken für die wichtigsten Elektrogeräte im Haushaltssektor in Nigeria zu untersuchen und Empfehlungen für die politische Planung zu geben.
Die Forschungsziele sind:
i.   Bewertung der Energieeffizienz der wichtigsten Elektrogeräte im Wohnbereich in Nigeria.
ii.   Dokumentation der Politiken, Praktiken und lokalen Projekte, die im Hinblick auf die Energieeffizienz von Elektrogroßgeräten im Haushaltsbereich in Nigeria durchgeführt wurden und werden.
iii.   Ermittlung der relevanten Akteure, ihrer Motivationen, Informationen, Ressourcen und ihrer Beziehungen untereinander.
iv.   Ermittlung der möglichen Lehren, die Nigeria aus veröffentlichten akademischen Zeitschriftenartikeln anderer Länder der Welt ziehen könnte.
v.   Abgabe von Empfehlungen für die politische Planung.
    1.7 Forschungsfrage
Hauptforschungsfrage: Welche Erkenntnisse lassen sich aus dem Governance-System für Energieeffizienzmaßnahmen und -praktiken ableiten, die auf große Elektrogeräte im Haushaltssektor in Nigeria ab dem Jahr 2008 bis heute abzielen?
Untergeordnete Forschungsfragen:
1. Wie wird die Energieeffizienz der wichtigsten Elektrogeräte in nigerianischen Haushalten gesteuert?
2. Welche politischen Maßnahmen, Praktiken und lokalen Projekte gibt es derzeit in Nigeria im Hinblick auf die Energieeffizienz der wichtigsten Elektrogeräte in nigerianischen Haushalten?
3. Wer sind die Hauptakteure, ihre Motivationen, Informationen, Ressourcen und ihre Wechselbeziehungen, wenn es um die Energieeffizienz von elektrischen Hauptgeräten in nigerianischen Haushalten geht?
4. Welche Lehren kann Nigeria aus den in Fachzeitschriften veröffentlichten Strategien anderer Länder für die Formulierung und Umsetzung von Strategien zur Verbesserung der Energieeffizienz von Elektrogroßgeräten in Haushalten ziehen?
5. Welche alternativen Strategien können für die Energieeffizienz von Elektrogroßgeräten in der gebauten Umwelt in Nigeria formuliert und umgesetzt werden?

Kapitel 2

2: Literaturübersicht

2.1 Einführung

Der Energieverbrauch der Haushalte macht weltweit einen großen Teil des Gesamtenergieverbrauchs aus, mit Ausnahme von China (Wood und Nowborough, 2002, Ghisi et al., 2007, Vassileva et al., 2012 und Yue et al., 2013). Nigeria bildet hier keine Ausnahme, denn laut IEA 2009 beträgt der Stromverbrauch in Nigeria nach Sektoren aufgeteilt 56 % für Privathaushalte, 26 % für gewerbliche und öffentliche Dienstleistungen und 18 % für die Industrie. Diese Verbräuche sind hauptsächlich auf ineffiziente Elektrogeräte und das Verhalten der Nutzer zurückzuführen. Laut UNEP 2012 sind in Nigeria 240 Millionen Glühbirnen im Haushaltssektor installiert. Der Energiebedarf der Haushalte wird von zwei Hauptfaktoren bestimmt, nämlich von der Anzahl der Haushaltsmitglieder und deren Eigenschaften, insbesondere vom Grad der Nutzung elektrischer Geräte und deren Effizienz (O'Doherty et al., 2008 und Shimoda et al., 2010). Der Stromverbrauch der Haushalte könnte durch die Einführung effizienter Elektrogeräte erheblich gesenkt werden; dies wurde bereits in vielen Ländern nachgewiesen. Eine erste Demonstration wurde zwischen 1995 und 1997 in Frankreich durchgeführt. Das Ergebnis dieses Projekts zeigte, dass durch die Verwendung effizienter Geräte in den Haushalten bis zu 40 % eingespart werden können (Enertech, 2013).

Energieeffizienz kann im weitesten Sinne definiert werden als der Einsatz von weniger Energie zur Erbringung der gleichen Dienstleistung ohne Beeinträchtigung des Komforts oder die Verringerung der für die Bereitstellung von Produkten und Dienstleistungen erforderlichen Energiemenge. Es geht darum, den Anstieg des Energieverbrauchs zu steuern und einzudämmen und mehr Dienstleistungen für den gleichen Energieeinsatz oder die gleiche Dienstleistung für weniger Energieeinsatz zu erbringen. Energieeffizienz ist ein wirksames Instrument und ein kosteneffizienter Weg zu einer nachhaltigen Energieentwicklung.

Die Vorteile der Einführung von Energieeffizienztechnologien und bewährten Praktiken sind enorm, darunter die Reduzierung von Investitionen in Energieinfrastrukturen, die Verringerung der Energiearmut, die Senkung der Energierechnungen, die Verringerung der Treibhausgasemissionen und der lokalen Luftverschmutzung, die Verbesserung der Gesundheit und die Erhöhung der Energiesicherheit. Nach Schätzungen der UNEP-GEF-Aufklärungsinitiativen könnten in Afrika südlich der Sahara durch den Übergang zu effizienter Beleuchtung jährlich 14 TWh Energie und 10,5 Millionen Tonnen Kohlendioxidemissionen vermieden werden (UNEP, 2012).

2.2 Einführung energieeffizienter Elektrogeräte durch die Haushalte

Studien über die Einführung energieeffizienter Technologien und energiesparender Praktiken sind in den afrikanischen Ländern südlich der Sahara sehr rar und konzentrieren sich eher auf die westlichen Länder. Abrahamse et al. (2005) bewertet die Wirksamkeit von Maßnahmen, die darauf abzielen, Haushalte zur Senkung des Energieverbrauchs zu bewegen. Barr et al. (2005) untersucht die Kluft zwischen Energiesparverhalten und kaufbezogenem Verhalten zur Energieeinsparung. Sardianou (2007) untersuchte die wichtigsten Determinanten des Energiesparverhaltens von Haushalten in Griechenland. Nair et al. (2010) befragten 3.000 Hausbesitzer, um die Faktoren zu analysieren, die die Annahme von Investitionsmaßnahmen zur Verbesserung der Energieeffizienz ihrer Gebäude beeinflussen. Hoppe (2012) untersuchte die Faktoren, die die Einführung innovativer Energiesysteme in den Niederlanden beeinflussen, und Brounen et al. (2013) untersuchte das Bewusstsein, die Kenntnisse und das Verhalten von Haushalten in Bezug auf ihre Energieausgaben.

Ergebnisse aus drei westlichen Ländern zeigen, dass 26 bis 36 % des Energieverbrauchs der Haushalte auf das Verhalten der Bewohner zurückzuführen sind (Wood und Newborough, 2002). Große Haushaltsgeräte machten im Vereinigten Königreich 30 % des gesamten Energieverbrauchs aus (Gaspar und Antunes, 2011). Auch in China machte der Energieverbrauch der Haushalte im Jahr 2010 etwa 10 % des Gesamtenergieverbrauchs aus (Yue et al., 2013). Die oben genannten Komponenten des Energieverbrauchs können durch den Einsatz effizienter Geräte, Belüftung, Minimierung der Heizlast und das Verbraucherverhalten bei der Nutzung elektrischer Geräte verringert werden (Gasper und Antunes, 2011 und Yohanis, 2012). Der EU-Aktionsplan für Energieeffizienz schätzt, dass bis 2020 Energieeinsparungen in Höhe von 27 % gegenüber dem Stand von 1990 durch die Einführung kosteneffizienter energieeffizienter Technologien in Wohngebäuden und durch energiesparende Praktiken erreicht werden können (Mills und Schleich, 2012). Auch Fraunhofer (2009), über das Mills und Schleich (2012) berichten, schätzt, dass bis 2020 im Wohnungssektor 19 % der Endenergie eingespart werden können, wenn zusätzliche Maßnahmen zur Überwindung von Hindernissen für die Einführung effizienter Technologien ergriffen werden.

Es gibt drei allgemeine Möglichkeiten zur Verringerung des Energieverbrauchs in Wohngebäuden: energieeffiziente Bauweise, Verwendung effizienter Geräte und energiebewusstes Verhalten der

Energieverbraucher (Wood und Newborough, 2002). Die Energieeffizienz von Haushaltsgeräten wurde in den letzten zwei Jahrzehnten durch Energiekennzeichnung, Beschaffung energieeffizienter Geräte, freiwillige Vereinbarungen, Nachfragesteuerung und die Durchsetzung von Mindeststandards für die Energieeffizienz verbessert (Bansal et al., 2011). Die EU hat mehrere Maßnahmen zur Einführung energieeffizienter Geräte in den Haushalten ergriffen, z. B. die Energiekennzeichnung von Elektrogeräten, die Steigerung der Endenergieeffizienz und die Besteuerung (Borg und Kelly, 2011). Zur Verringerung der Energieintensität in Privathaushalten setzte China Mindeststandards für die Energieeffizienz, Energieeffizienzkennzeichnung, Subventionen für energieeffiziente Geräte, Rückkauf von Altgeräten und Sensibilisierung der Bürger ein (Ma et al., 2013). Spanien setzte regulatorische, wirtschaftliche und Informationsinstrumente ein, um die Energieeffizienz in den Haushalten zu fördern. Die Regulierung zielt darauf ab, bestimmte Verhaltensweisen zu ändern, während wirtschaftliche Instrumente in Form finanzieller Anreize zur Kostensenkung eingesetzt wurden, um Investitionen in die Energieeffizienz zu fördern, während die Information darauf abzielt, die Prioritäten durch Bewusstseinsbildung zu ändern (Yeatwood et al., 2013).

Die Umsetzung der Nachfragesteuerung und die Durchsetzung von Mindeststandards für die Energieeffizienz haben die Energienachfrage in Privathaushalten und Gewerbebetrieben erheblich gesenkt und damit die Zahl neuer Kraftwerke verringert. Damit sich die Durchsetzung von Energieeffizienznormen auf den Gesamtenergieverbrauch auswirkt, ist ein langer Zeitraum erforderlich, da die Norm erst dann in Kraft tritt, wenn die Geräte ersetzt werden (Shimoda et al., 2010).

Um energiebewusstes Verhalten wirksam zu fördern, muss die breite Bevölkerung die Schnittstelle zwischen den Menschen und den von ihnen verwendeten Geräten besser verstehen. Etiketten und Normen tragen dazu bei, dies zu erreichen und das Interesse an energieeffizienten Geräten am Verkaufsort zu wecken, aber sobald ein neues Gerät gekauft wird, ist der Energieverbrauch der damit verbundenen Tätigkeit bereits weitgehend vorbestimmt, bis ein neues Ersatzgerät gekauft wird. Der Energieverbrauch der bereits vorhandenen Endverbrauchsgeräte im Wohnbereich kann durch Verhaltensänderungen, Vorabinformationen und Rückmeldungen verringert werden (Wood und Newborough, 2002 und Abrahamse et al., 2005). Drei Situationen wirken sich auf die Fähigkeit der Verbraucher aus, bewährte Energiespartechniken anzuwenden: wirtschaftliche und soziale Fragen und fehlende Gelegenheiten dazu (Wood und Newborough, 2002). Yue et al. (2013) unterteilten das Energiesparverhalten in gewohnheitsmäßige Handlungen (Änderungen der Nutzungsgewohnheiten) und Kaufaktivitäten (Kauf energieeffizienter Technologien und Geräte). Studien zum Energiesparverhalten von Haushalten haben eine Reihe von Faktoren ermittelt, die das Energieverbrauchsverhalten im Haushalt zu beeinflussen scheinen. Dabei handelt es sich um das Alter und die Größe der Wohnung, den Besitz des Hauses, den Lebensstil und das Klima (Yohanis, 2012 und Ma et al., 2013). "*Die Ergebnisse der integrierten Energiesparpolitik für Haushalte in Singapur zeigen, dass die einfache Durchführung der empfohlenen Energiesparmaßnahmen ein starker Motivator für die Änderung des Energieverbrauchsverhaltens ist*" (He und Kua, 2013).

Die Energieeffizienzpolitik kann genutzt werden, um verbesserte Haushaltsmaßnahmen wie das Ausschalten von Licht und allen elektrischen Geräten, wenn sie nicht benutzt werden, und die Einführung energieeffizienter Technologien zu fördern. Damit die Politik wirksam ist, sollte sie so konzipiert sein, dass sie berücksichtigt, wie Technologieeinsatz, Energiesparpraktiken, Wissen über die Energienutzung und Verhalten in Bezug auf Energieeinsparung mit Haushaltsmerkmalen verbunden sind (Mills und Schleich, 2012). Außerdem müssen länderspezifische Einstellungen und Unterschiede bei der Einführung von Energiespartechnologien und Energiesparpraktiken ermittelt werden, um eine gute Kombination aus gemeinsamen und länderspezifischen Maßnahmen zu erreichen. Es wird erwartet, dass der Kenntnisstand der Haushalte über Energieverbrauch, Einsparmöglichkeiten und Energieeffizienz von Elektrogeräten die Einführung energieeffizienter Geräte beeinflusst. "*Auch die Verfügbarkeit und Qualität von Informationen über das Niveau und die Muster des aktuellen Energieverbrauchs hängen vom Grad der Verbrauchserfassung, dem Informationsgehalt der Rechnungen der Versorgungsunternehmen und der Bereitschaft und Fähigkeit der Haushalte ab, diese Informationen zu analysieren. In ähnlicher Weise müssen die Haushalte die Möglichkeiten der Energieeffizienz kennen und bewerten können*" (Yohanis, 2012).

Die Anschaffung hoch energieeffizienter Elektrogeräte durch die Verbraucher ist für die Politikgestaltung sehr wichtig, da große Haushaltsgeräte wie Kühlschränke und Klimaanlagen selten gekauft werden und es viele Jahre dauert, bis sie ersetzt werden. In einer Studie über kanadische Haushalte wurde festgestellt, dass 40 % der Kühlschränke nach 20 Jahren und weitere 20 % nach 25 Jahren ersetzt wurden (Gaspar und Antunes, 2011). Die japanische Regierung setzte 1998 Top-Runner-Standards ein, um die Einführung energieeffizienter Geräte zu fördern. Bis 2004 fielen 18 Geräte unter die Norm, darunter Klimaanlagen, Leuchtstoffröhren und Raumheizgeräte (Ashina und Nakata, 2008). Die hohen Kosten für energieeffiziente Geräte verhindern deren breite Nutzung, weshalb die Präfekturregierung im Rahmen ihrer Energieeffizienzstrategie finanzielle Anreize geschaffen hat, indem sie den Verbrauchern die Differenz zwischen dem Preis für energieeffiziente Geräte und dem für herkömmliche Geräte zahlt (Ashina und Nakata, 2008). In Entwicklungsländern nimmt der Energieverbrauch in Wohngebäuden rasch zu, und aufgrund der niedrigen Energiepreise sind Investitionen in effiziente Technologien nicht gerade ermutigend. Mit Hilfe von Vorschriften kann jedoch der Energieverbrauch ganzer Gebäude oder Gebäudesysteme wie Klimaanlagen geregelt werden (Iwaro und Mwasha, 2010).

China hat wirtschaftliche, administrative, regulatorische, Informations- und Erziehungsinstrumente eingesetzt, um die Einführung energieeffizienter Geräte zu fördern. Im Jahr 2005 wurden eine obligatorische Kennzeichnung der Energieeffizienz von Haushaltsgeräten und Mindeststandards für die Energieeffizienz eingeführt. "*Im Jahr 2009 wurde eine Subvention für den Kauf der effizientesten Klimaanlagen eingeführt. Der Erfolg dieses Programms führte zu einem Anstieg des Marktanteils energieeffizienter Klimaanlagen von 5 % auf 80 % in nur zwei Jahren*" (Ma et al., 2013). Von Juni 2010 bis Ende 2011 zahlt die chinesische Regierung 10% Rabatt auf neue Geräte, um alte Haushaltsgeräte zurückzukaufen. Dabei handelt es sich um Fernseher, Computer, Waschmaschinen, Klimaanlagen und Kühlschränke. Im Mai 2012 folgte eine neue Subventionsregelung für Klimaanlagen, Kühlschränke, Waschmaschinen und Warmwasserbereiter. Ma et al. (2013) stellten außerdem fest, dass diese politischen Instrumente zwar eine wichtige Grundlage für ein höheres Maß an Energieeinsparungen durch die Bürger bilden, dass aber auch Informationen und Aufklärung dringend erforderlich sind.

Die Länder stehen unter dem Druck, die Energieeffizienz in allen Sektoren zu verbessern, einschließlich des Wohnsektors, der weitgehend von der Energieeffizienz der Geräte beeinflusst wird. Energieeinsparungen in der bebauten Umwelt liegen nicht ausschließlich in der Verantwortung von Wohngebäuden, sondern sollten alle Beteiligten wie Verbraucher, Dienstleister, Versorgungsunternehmen und die Regierung einbeziehen (Gaspar und Antunes, 2011). Die Förderung und Einführung effizienter Geräte kann durch die Zusammenarbeit von "*Geräteherstellern, die eine große Anzahl hoch energieeffizienter Geräte zur Verfügung stellen, Verkäufern und Verteilern (die den Verbrauchern die besten Geräte in Bezug auf die Energieeffizienz anbieten) und Verbrauchern, die die Verantwortung haben, die energieeffizientesten Geräte zu kaufen*", erreicht werden (Gaspar und Antunes, 2011).

Yamamoto et al. (2008) stellten fest, dass der Preis nicht als Signal für die Entscheidungsfindung bei der Nutzung von Elektrogeräten dient, sondern dass die Entscheidungsfindung von den Merkmalen eines bestimmten Elektrogeräts abhängt. Eine von Gaspar und Antunes (2011) durchgeführte Umfrage zeigt jedoch, dass die Menschen bereit sind, mehr für effiziente Geräte zu bezahlen, aber nur wenige tun dies in der Praxis; der Schwerpunkt liegt eher auf Kosten, Qualität und Marke. Auch die Ergebnisse der meisten Studien stimmen darin überein, dass die Annahme energieeffizienter Maßnahmen und Verhaltensweisen hauptsächlich mit den Kosten (für Investitionen und Energieverbrauch), Gewohnheiten und Routinen zusammenhängt, die sich je nach Maßnahme, Haushalt und Region unterscheiden (Mills und Schleich, 2012). Andere Studien zeigen, dass für private Verbraucher Energie- und Geldeinsparungen, wahrgenommene Veränderungen bei Komfort und Bequemlichkeit sowie Thermostate für die automatische Steuerung die wichtigsten Merkmale sind, die bei der Wahl eines Geräts berücksichtigt werden. Das Interesse der Verbraucher an den Einsparpotenzialen effizienter Geräte hat zu einer starken Verbreitung der intelligenten Steuerung von Haushaltsgeräten geführt. Einige davon sind ein adaptiver Abtausensor, eine automatische Steuerung von Antikondensationsheizungen, ein Türöffnungsalarm-Sensor, ein Sensor zur Steuerung der Temperatur in verschiedenen Betriebszuständen zur Energieeinsparung und die Interoperabilität intelligenter Netze (Bansal et al., 2011).

Aus der empirischen Literatur geht hervor, dass Faktoren wie Alter und Größe der Wohnung, Wohneigentum, Lebensstil, Verhalten, Kosten, Verfügbarkeit und Qualität von Informationen sowie klimatische Faktoren die Energieeffizienz und die Energiesparpraktiken der Haushalte beeinflussen. Auch die eingesetzten politischen Maßnahmen reichen von administrativen, regulatorischen und wirtschaftlichen bis hin zu Informationsinstrumenten.

2.3 Information/Bewusstseinsbildung

Information oder Bewusstseinsbildung über Maßnahmen zur Energieeinsparung im Haushalt ist eine der üblichen Strategien zur Förderung der Einführung energieeffizienter Elektrogeräte und energiesparender Verhaltensweisen. Für die Vermittlung von Informationen oder die Sensibilisierung der Haushalte werden verschiedene Kanäle genutzt, darunter Workshops, Kampagnen in den Massenmedien und maßgeschneiderte Informationen (Abrahamse et al., 2005). Die Haushalte können über die Medien, Massenmarketing, persönliche Empfehlungen von Freunden und Nachbarn oder formellere Empfehlungen von Personen aus demselben Büro oder derselben Organisation erreicht werden (McMichael und Shipworth, 2013). Delmas et al. (2013) stellten fest, dass zu den Informationsstrategien Spartipps, Energieaudits, verschiedene Formen von Rückmeldungen über den Energieverbrauch und finanzielle Strategien gehören. Mehrere Studien zur

Ermittlung der Auswirkungen verschiedener Informationsstrategien zeigen, dass maßgeschneiderte Informationen wirksamer sind als andere Strategien (Abrahamse et al., 2005 und Delmas et al., 2013). Eine Studie über den Energieverbrauch von Haushalten für Heizung und Klimatisierung zeigt, dass diejenigen, die maßgeschneiderte Informationen (Energieaudit) erhielten, 21 % weniger Strom verbrauchten (Abrahamse et al., 2005).

Der Mangel an Informationen und das fehlende Bewusstsein für die Möglichkeiten der Einführung energieeffizienter Innovationen in Ländern der Dritten Welt ist eines der Haupthindernisse für die Energieeffizienz in der bebauten Umwelt (Iwaro und Mwasha, 2010). Eine Umfrage zur Untersuchung der Energiekompetenz, des Energiebewusstseins und des Energiesparverhaltens von 1.721 niederländischen Haushalten zeigt, dass 44 % der Befragten keine Ahnung von ihren monatlichen Energiekosten haben und 40 % keine Kenntnisse über den Energieverbrauch in Haushalten haben (Brounen et al., 2013). "Die Bewusstseinsbildung durch Massenmedien, Feedback zum Energieverbrauch, Bildungsprogramme, Energieinformationszentren und Datenerfassungsnetzwerke kann diese Barriere erfolgreich überwinden" (Iwaro und Mwasha, 2010).

Das Medium, über das Informationen an die Haushalte weitergegeben werden, ist von entscheidender Bedeutung für die Entscheidung, ob energieeffiziente Technologien und Praktiken eingesetzt werden sollen oder nicht (McMichael und Shipworth, 2013). Wilhite und Ling (1995) untersuchten die Beziehung zwischen Rechnungsinformationen und dem Energieverbrauch der Haushalte in Norwegen und das Ergebnis zeigt, dass die Bereitstellung häufigerer und informativer Rechnungen zu einem um 10 % geringeren Energieverbrauch geführt hat. Eine Studie über den Wert gemeinsamer Netzwerke bei der Verbreitung von Energieeffizienztechnologien in britischen Haushalten zeigt, dass sich Informationen leicht über zwischenmenschliche Netzwerke verbreiten und offenbar einen Einfluss auf den Innovationsentscheidungsprozess haben (McMichael und Shipworth, 2013). Delmas et al. (2013) testeten vier Hypothesen in der Studie über Informationsstrategien und Energiesparverhalten, und die Ergebnisse zeigen, dass nicht-monetäre informationsbasierte Strategien bei der Reduzierung des Gesamtenergieverbrauchs wirksam sein können. Spezifische Geräteinformationen können die Nachfrage nach Steuerungssystemen, intelligenten Geräten und Demand-Response-Programmen steigern, sobald die Verbraucher deren Nutzen für Energieeinsparungen verstehen. Die Vorteile spezifischer Energieinformationen für Verbraucher im Bereich des Energieverbrauchs in Privathaushalten lassen sich in zwei Kategorien einteilen: automatisierte personalisierte Empfehlungen und personalisierte Empfehlungen zum Abbau von Hindernissen für energieeffizientes Handeln sowie verbesserte Verhaltenstechniken wie z. B. kartierte Empfehlungen zum Kauf empfohlener Produkte (Armel et al., 2013). Studien aus den Jahren 1995 bis 2010 zeigen, dass verschiedene informative Feedback-Strategien zu unterschiedlichen Prozentsätzen an Energieeinsparungen in Haushalten führen. Es handelt sich dabei um eine erweiterte Abrechnung (3,8 %), ein geschätztes Feedback (6,8 %), ein tägliches oder wöchentliches Feedback (8,4 %), ein Echtzeit-plus-Feedback (12,0 %) und ein Geräte-Feedback (mehr als 12,0 %).

2.4 Energieverhalten und Energieeffizienz

"Energieverhalten ist definiert als Verhalten, das zum Endenergieverbrauch führt" (Lopes et al., 2012). Es sind auch die Verhaltensweisen, durch die Einzelpersonen versuchen, den Gesamtenergieverbrauch zu reduzieren. Zu solchen Verhaltensweisen gehören Einschränkungsverhalten, Wartungsverhalten und Effizienzverhalten (Sweeney et al., 2013). Ein kombinierter Effekt von Energieverhalten und Technologiewechsel führt zu Energieeffizienz (Lopes et al., 2012). Oikonomou et al. (2009) definierten Energieeffizienz als die Anwendung einer bestimmten Technologie, die den Gesamtenergieverbrauch reduziert, ohne die relevanten Verhaltensweisen zu ändern, und die größtmögliche Leistung zu erzielen, während Energieeinsparung lediglich eine Änderung des Verbraucherverhaltens ist, die zu Energieeinsparungen führt. Barr et al. (2005) unterteilen das Energiesparverhalten in Routinehandlungen und Kaufhandlungen. Bei diesen energiesparenden Verhaltensweisen handelt es sich um Einschränkungsverhalten, wie z. B. das Ausschalten von Elektrogeräten, wenn sie nicht benutzt werden, und um Effizienzverhalten, wie z. B. den Kauf energieeffizienter Geräte (Lillemo, 2014). Einschränkende Verhaltensweisen sind Verhaltensweisen, die Energie durch eine geringere Nutzung einsparen, effiziente Verhaltensweisen sparen Energie durch den Kauf effizienterer Geräte und Wartungsverhalten spart Energie durch eine bessere Wartung der Geräte zur Verbesserung der Leistung (Sweeney et al., 2013). Daher kann der Energieverbrauch das Ergebnis der Einführung und Nutzung effizienter Technologien, der Schnittstelle zwischen Nutzern und Technologien oder der verschiedenen Wechselbeziehungen zwischen ihnen sein (Stephenson et al., 2010). Die Einführung oder der Kauf effizienter Geräte wird als Investitionsverhalten bezeichnet, während die Benutzerschnittstelle mit diesen Geräten als Gewohnheitsverhalten bezeichnet wird. Gewohnheitsmäßige Verhaltensweisen sind festgelegte und routinemäßige Verhaltensweisen, durch die Personen unbewusst

Handlungen vornehmen, ohne die Vor- und Nachteile ihrer Handlungen abzuwägen (Fischer, 2008 und Gynther et al., 2011). Das Energy Cultures Framework schlägt eine Untersuchung der Beziehung zwischen kognitiven Normen, materieller Kultur und Energiepraktiken vor, um das Energieverbrauchsverhalten der Verbraucher zu verstehen. Dieser Rahmen für Energiekulturen ist in der Lage, ein detailliertes Verständnis des Energieverbrauchs und der wichtigsten Hindernisse für Verhaltensänderungen zu vermitteln (Stephenson et al., 2010). Mehrere empirische Studien haben das Energiesparverhalten von Haushalten mit sozioökonomischen Parametern wie wirtschaftlichen Variablen, demografischen Variablen der Haushaltseinheit, Wohnungsmerkmalen, Energiepreisinflation und Einstellungsvariablen in Verbindung gebracht (Sardianou, 2007). Die in vielen Studien erarbeiteten Konzepte zur Energieeinsparung beziehen sich auf die Verringerung des Energieverbrauchs in Verbindung mit dem Lebensstil oder spontanen Änderungen der Verbraucherpräferenzen, die zu Verhaltensänderungen führen. Verbraucherverhalten und Lebensstilentscheidungen stehen in engem Zusammenhang mit dem Konzept der rationellen Energienutzung, der Endenergieeinsparung und der Endenergieeffizienz (Oikonomou et al., 2009). Sweeney et al. (2013) untersuchen, wie soziale und kulturelle Faktoren wie Wissen, Normen und Technologien sowie situative Faktoren mit Motivationen, Barrieren und Unterstützung interagieren, um das Energiesparverhalten zu beeinflussen, und das Ergebnis der empirischen Forschung zeigt, dass Einstellungen und Werte nicht immer ausreichen, um Energiesparverhalten zu erzeugen, und dass Einsparungen von der Verbrauchersituation und dem Besitz energieeffizienter Geräte abhängen. Demografische Faktoren im Haushalt wie Einkommen, Bildung und Alleinleben beeinflussen ebenfalls das Energiesparverhalten (Lillemo, 2014).
Bei Maßnahmen zur Förderung energiesparender Verhaltensweisen sollten verhaltensbezogene Faktoren berücksichtigt werden, um die Wirksamkeit der Maßnahmen zu verbessern (Abrahamse et al., 2005 und Lillemo, 2014). Energieeffizienzpolitik, Nachfragesteuerung und Programme zur Verhaltensänderung sind gängige Strategien zur Förderung energieeffizienter Verhaltensweisen durch nationale und lokale Behörden, Versorgungsunternehmen, Energieagenturen und Verbraucherverbände (Lopes et al., 2012). Vorschriften, Preiserhöhungen, Umweltbelange und moralische Verpflichtungen zur Reduzierung des Energieverbrauchs sind Motivatoren für Verhaltensänderungen (Oikonomou et al., 2009). Bildungs- und Informationsinstrumente werden eingesetzt, um das Verhalten in Richtung Energieeffizienz durch freiwillige Änderungen zu verändern, während gesetzliche Änderungen eine Verhaltensänderung vorschreiben (Sweeney et al., 2013). Abrahamse et al. (2007) untersuchten die Auswirkungen von maßgeschneiderten Informationen, Zielvorgaben und individuellem Feedback auf das energiebezogene Verhalten von Haushalten und kamen zu dem Ergebnis, dass eine Kombination aus maßgeschneiderten Informationen, Zielvorgaben und Feedback den Energieverbrauch aufgrund von Verhaltensänderungen in der bebauten Umwelt wirksam senken konnte. Eine Zunahme des Wissens und des Bewusstseins führt nicht direkt zu einer Verhaltensänderung, da Wissen kein Motivator für ein gewünschtes Verhalten ist (Sweeney et al., 2013). Leighty und Meier (2011) untersuchten Haushaltsaktivitäten, die den Strombedarf in Juneau, Alaska, um 25 % reduzierten, und kamen zu dem Schluss, dass die richtige Kombination von Bedingungen, Anreizen und Strategien zu großen Stromeinsparungen führen kann. Sie gehen auch davon aus, dass die durch eine vorübergehende Krise ausgelösten Veränderungen im Verhalten und in der Technologie den Stromverbrauch dauerhaft senken können, da die während der Krise erlernten Verhaltensweisen zu neuen Gewohnheiten werden, da die Kunden nicht zu ihren Vorkrisenroutinen zurückkehren. Energieintensives Verbrauchsverhalten wird durch das Design, die Vermarktung und die Dienstleistungen von Fernsehern und den dazugehörigen Geräten gefördert, die in die materiellen und sozialen Aspekte des täglichen Lebens in den Haushalten eingebettet sind. Eine gute Politik wird verhindern, dass diese energieintensiven Verbrauchsgewohnheiten zur normalen Lebensweise werden (Crosbie, 2008). Lillemo (2014) untersuchte die Auswirkungen von Prokrastination und Umweltbewusstsein auf Energieeinsparungen in Haushalten. Das Ergebnis zeigt, dass der Grad der Prokrastination, das Umweltbewusstsein und die meisten sozioökonomischen Faktoren in den Haushalten in hohem Maße mit dem Energiesparverhalten der Befragten verbunden sind. Er geht auch davon aus, dass Personen mit einem höheren Grad an Aufschieberitis sich wahrscheinlich nicht an Energiesparmaßnahmen beteiligen, während Personen mit einem hohen Maß an Umweltbewusstsein eher ein eingeschränktes Verhalten an den Tag legen. Der Effekt des Umweltbewusstseins scheint jedoch kein wichtiger Faktor für das Energieeffizienzverhalten zu sein.
Erkenntnisse aus der Verhaltensökonomie und ihre Anwendung auf den Bereich der Energieeffizienz in Entwicklungsländern zeigen, dass soziale Aspekte wie das Vertrauen in die Energieversorger oder Produktanbieter, Status und lokale Normen sowie klare Botschaften die Verbreitung von Energieeffizienz wahrscheinlich beeinflussen. Auch innovative Finanzierungslösungen wie Umlagesysteme und vorausbezahlte Stromzähler, die dem mentalen Konto der Armen entsprechen, können von Bedeutung sein (Never, 2014). *Viele der Verhaltensfaktoren, die sich in Industrieländern als Hemmnisse erwiesen haben und*

die für die Energieeffizienz in Entwicklungsländern relevant sein könnten, sind jedoch *noch nicht getestet worden"* (Never, 2014). Darüber hinaus schlug Never (2014) vier Möglichkeiten für energiesparendes Verhalten armer Haushalte ohne Zugang zum Stromnetz vor: (i) Beleuchtung, (ii) Umstellung auf effizientere Brennstoffe und effiziente Kochherde, (iii) Isolierung oder effektive Belüftung von Häusern und (iv) Verwendung effizienter Geräte.

2.5 Politikgestaltung - Die Wahl der Instrumente

"Politik ist definiert als ein theoretisches oder verfahrenstechnisches Instrument, das dazu dient, bestimmte Probleme zu lösen, die sich direkt oder indirekt auf die Gesellschaft auswirken, und zwar über verschiedene Zeiträume und geografische Räume hinweg" (Estrada, 2011). Diese Instrumente sind die Werkzeuge, die die Verwaltung zur Umsetzung ihrer politischen Ziele einsetzt (Kelly, 2012). Die Wahl des politischen Instruments bestimmt seine Wirksamkeit und Effizienz.

Im Allgemeinen werden politische Maßnahmen entwickelt und umgesetzt, um Marktversagen zu beheben. Ein Marktversagen in der Umweltenergiepolitik umfasst externe Effekte, Informationsasymmetrien, Kapitalmarktversagen und das Vermieter-Mieter-Problem (Steimikiene, 2014). Die Empfehlungen verschiedener Energieanalysten und Wirtschaftswissenschaftler zur Wahl des staatlichen Instruments zur Förderung der Energieeffizienz sind unterschiedlich; einige von ihnen basierten nur auf der Art des festgestellten Marktversagens (Varone und Aebischer, 2001). Die Wahl der politischen Instrumente ist nicht nur ein rationaler oder technischer Prozess, da Energiefragen nicht nur technische, sondern auch soziale Fragen sind. Der Prozess beschränkt sich nicht darauf, dass die politischen Entscheidungsträger eine Lücke (z. B. Preis) feststellen und ein Instrument wählen, um diese zu lindern (z. B. Anreize). Die Gestaltung der politischen Instrumente hängt daher immer vom politischen Umfeld und den Machtkämpfen zwischen den privaten und öffentlichen Akteuren des regulierten Sektors ab (Varone und Aebischer, 2001). Darüber hinaus sollte die Strategie der Politikgestaltung die politische Bedeutung des Instruments hervorheben, da die Auswahl der politischen Instrumente ein neutraler Prozess ist, der lediglich darauf abzielt, die sozialen Kosten der staatlichen Intervention zu verringern, sobald die politischen Ziele festgelegt sind.

Unterschiedliche politische Instrumente (z. B. Normen und Labels, Subventionen, Steuern usw.) können vom Staat alternativ eingesetzt werden, um dasselbe politische Ziel (z. B. Energieeffizienz) zu erreichen; diese verschiedenen Instrumente sollten aus politischer Sicht nicht als funktional gleichwertig betrachtet werden. Jedes politische Instrument ist untrennbar mit administrativen Ressourcen, Durchführungsstellen, Zielgruppen und spezifischen institutionellen Verfahren verbunden (Varone und Aebischer, 2001). Aus der empirischen Literatur zur Politikgestaltung lassen sich vier Hauptaussagen ableiten, die es uns ermöglichen, die wichtigsten Aspekte der politischen Ökonomie eines Politikinstruments angemessen zu definieren: (1) das Maß an Zwang, das sich aus den ideologischen und finanziellen Beschränkungen der jeweiligen Rolle von Staat und Privatmarkt ergibt, (2) die Ressourcenintensität, die sich aus den organisatorischen Betriebskosten ergibt, (3) das politische Risiko, das sich aus der öffentlichen Sichtbarkeit eines (potenziellen) Politikversagens ergibt, und (4) die Ausrichtung, die sich daraus ergibt, wie genau und selektiv die politischen Instrumente auf die Empfänger von Nutzen und Kosten ausgerichtet sind (Varone und Aebischer, 2001).

Theoretisch gibt es viele Instrumente zur Förderung der Energieeffizienz. Nach Angaben des US-Energieministeriums können drei Kategorien von Instrumenten unterschieden werden: (a) Instrumente zur Eliminierung der am wenigsten effizienten Geräte (z. B. freiwillige Vereinbarung von Zielwerten, Normen für die Mindestenergieeffizienz); (b) Instrumente, die die Wahl der Verbraucher durch bessere Information und wirtschaftliches Interesse auf energieeffizientere Geräte lenken (z. B. obligatorische oder freiwillige Kennzeichnung, Qualitätslabel, Schulungen für Einzelhändler, Rabatte für Verbraucher, Gerätesteuer) und neue Nutzungsmuster von Geräten fördern (z. B. Bildungsprogramme, Stromsteuer); und (c) Instrumente zur Entwicklung und Einführung energieeffizienterer Geräte.c) Instrumente zur Entwicklung und Markteinführung effizienterer Geräte (z. B. finanzielle Unterstützung der privaten Forschung und Entwicklung, organisatorische Unterstützung des Technologietransfers, öffentlicher Einkauf und kooperative Technologiebeschaffung) (Varone und Aebischer, 2001). Die in den Niederlanden eingesetzten Instrumente zur Förderung der Energieeffizienz in der gebauten Umwelt sind Vereinbarungen, Anreize, Steuern, Informationsmittel und Vorschriften (Murphy et al., 2012). In der Literatur zu politischen Instrumenten wurden vier Hauptunterscheidungen getroffen, die auf den Mechanismen basieren, die sie zur Beeinflussung und Koordinierung kollektiver Maßnahmen einsetzen. Dazu gehören Informations- oder Überzeugungsinstrumente, kooperative, wirtschaftliche und ordnungspolitische Instrumente (Bocher, 2012).

Die praktischen politischen Instrumente, die zur Verfügung stehen und eingesetzt werden, um den erheblichen Energieverbrauch von Geräten anzugehen, umfassen die Bereitstellung von Informationen, Anreize in Form von Subventionen verschiedener Art und Regulierung in Form von Produktanforderungen (Kelly, 2012). Politische Instrumente werden in die folgenden Kategorien eingeteilt: Regulierungs- und

Kontrollmechanismen, wirtschaftliche/marktbasierte, steuerliche Instrumente und Anreize sowie Unterstützung, Information und freiwillige Maßnahmen (Streimikiene, 2014). Die EU-Mitgliedstaaten haben eine Reihe von politischen Instrumenten zur Förderung der Energieeffizienz in der bebauten Umwelt eingeführt, darunter Energieeffizienzstandards, Subventionen und Steuervergünstigungen, Kennzeichnung sowie Informations- und Aufklärungskampagnen (Filippini et al., 2014). Diese Klassifizierung impliziert, dass die Regierung je nach Wahl des Instruments eine Markttransformation bei energieeffizienten Geräten bewirken kann (Varone und Aebischer, 2001). Viele Länder haben politische Maßnahmen zur Verbesserung der Energieeffizienz umgesetzt und dabei politische Instrumente wie wirtschaftliche Anreize zur Verringerung des Energieverbrauchs in den Haushalten eingesetzt. Der Mangel an nicht-ökonomischen Motivatoren, z. B. die offensichtliche Kluft zwischen den langfristigen und kurzfristigen Präferenzen der Akteure, ist jedoch ein großes Hindernis für die Reaktion der Haushalte auf wirtschaftliche Anreize. Dies ist sehr kritisch für politische Maßnahmen, die auf den Energieverbrauch von Haushalten abzielen, wenn die Akteure energieeffiziente Geräte, die kosteneffektiv sind, nicht annehmen (Streimikiene, 2014).

In der Literatur über politische Instrumente heißt es, dass es keine feste Regel für die Wahl politischer Maßnahmen gibt; stattdessen wird allgemein anerkannt, dass für die Wirksamkeit politischer Maßnahmen Kombinationen von Instrumenten erforderlich sind (Bressers und Huitema, 1999, Varone und Aebischer, 2001 und Murphy et al., 2012). Ein besseres Verständnis der Beziehung zwischen Normen, Werten und Umweltverhalten von Einzelpersonen kann für politische Entscheidungsträger bei der Auswahl oder Kombination von Instrumenten für die Energieeffizienz von Haushalten sehr nützlich sein (Lopes et al., 2012). Informationsinstrumente versuchen, kollektives Handeln durch die Bereitstellung von Informationen für Bürger und andere Akteure zu beeinflussen, kooperative Instrumente nutzen den Koordinationsmechanismus von Verhandlungen, die entweder zwischen privaten Akteuren oder zwischen privaten Akteuren und dem Staat stattfinden können, um freiwillige Maßnahmen festzulegen, die zu freiwilligen Vereinbarungen führen, Regulierungsinstrumente nutzen das Prinzip der Hierarchie durch die Anwendung von Befehls- und Kontrollprinzipien, um das Verhalten zu beeinflussen, und wirtschaftliche Instrumente nutzen den marktbasierten Koordinationsmechanismus von Preisen, um das Verhalten der Akteure zu beeinflussen (Bocher, 2012). Informationsprogramme sind nicht sehr effektiv bei der Beeinflussung der Kaufentscheidung für effiziente Geräte, während Subventionen eher dazu führen, dass effiziente Geräte eingeführt werden, auch wenn ihre Wirkung geringer ist als die von MEPS, die gesetzlich verankert sind und einer angemessenen Überwachung der Einhaltung unterliegen (Kelly, 2012). Lighten-African-Initiativen empfehlen einen integrierten politischen Ansatz wie MEPS, Überwachung, Überprüfung und Durchsetzung, obligatorische Kennzeichnung und Zertifizierung, freiwillige Zertifizierung und Kennzeichnung, Subventionen, Rabatte und kostenlose Verteilung, Steuererhöhungen oder -befreiungen, Bewusstseinsbildung, Werbung und Aufklärung, Ratenzahlung oder Finanzierung auf Rechnung und umweltverträgliches Management für eine nachhaltige, effektive und langfristige Umsetzung des Übergangs zu effizienter Beleuchtung (UNEP, 2012).

Zwei Hauptansätze zur Erklärung der Wahl von Umweltinstrumenten sind der Ansatz des naiven Instrumentalismus und der Ansatz der Public-Choice-Theorie (Bocher, 2012). Der naive Instrumentalismus scheint das Potenzial der Instrumentenwahl zu überschätzen und die Relevanz politischer Prozesse zu unterschätzen, während der Public-Choice-Ansatz aufgrund einer Privilegierung der statischen Interessen der politischen Akteure das Potenzial der Instrumentenwahl unterschätzt und die politische Persistenz überschätzt (Bocher, 2012). Cumberland (1990) schlägt einen Public-Choice-Ansatz für das Umweltmanagement vor, bei dem die Gestaltung wirksamerer politischer Instrumente nicht nur auf wirtschaftlicher Effizienz, sondern auch auf wissenschaftlicher Validität, Verteilungsgerechtigkeit und der Akzeptanz durch Interessengruppen beruhen würde.

2.6 Hemmnisse für die Energieeffizienz in Privathaushalten

Die Einführung energieeffizienter Technologien und Praktiken zur Verringerung des Energiebedarfs für die Erbringung der gleichen Leistung oder des gleichen Dienstleistungsniveaus wird weltweit schnell zu einem wichtigen politischen Instrument, um das Wachstum der Energienachfrage zu decken (Sarkar und Singh, 2010). Die Ergebnisse verschiedener Forscher zeigen, dass Energieeffizienz die Lücke zwischen wachsender Nachfrage und epileptischem Stromangebot schließen kann, ohne die Qualität der Dienstleistung zu beeinträchtigen (Vine et al., 1991, Reddy, 2003 und Reddy, 2013). Trotz zahlreicher Bemühungen zur Steigerung der Energieeffizienz und der Verbreitung energieeffizienter Technologien weltweit sind die Ergebnisse im Vergleich zu den Potenzialen der Energieeffizienz immer noch dürftig, insbesondere in den Entwicklungsländern (Never, 2014). Die Erfahrung hat jedoch gezeigt, dass dies nicht geschehen kann, wenn die Hindernisse für die Einführung effizienter Technologien nicht beseitigt werden (Reddy, 2003 und Reddy, 2013). Darüber hinaus klafft eine große Lücke zwischen den theoretisch möglichen Chancen durch die Einführung kosteneffizienter energieeffizienter Technologien und dem, was aufgrund einer Reihe von

Hindernissen praktisch erreicht wird (Sarkar und Singh, 2010 und Reddy, 2013).
"Eine Barriere ist ein Pull-Faktor, der Investitionen in energieeffiziente Technologien hemmt. Sie können auch als Hindernisse für private Investitionen oder als Ungewissheit in Bezug auf den künftigen Wert der Variablen betrachtet werden, die politisch, rechtlich, finanziell usw. sein können" (Reddy, 2013). Webber (1997) identifizierte vier Haupthindernisse für Energieeffizienzmaßnahmen: institutionelle Hindernisse, Markthindernisse, organisatorische Hindernisse und verhaltensbedingte Hindernisse. Die Hindernisse für die Regulierung der Gebäudeenergie in Entwicklungsländern sind wirtschaftliche/finanzielle Hindernisse, das Fehlen geeigneter Produktionstechnologien, Verhaltensbarrieren, organisatorische Hindernisse und Informationsbarrieren (Iwaro und Mwasha, 2010). Einige der Hindernisse für die Energieeffizienz in Entwicklungsländern sind der fehlende Konsens über bewährte Verfahren zur Förderung der Energieeffizienz, projektbezogene Lösungen zur Bewältigung systematischerer Herausforderungen, übermäßiger Rückgriff auf westliche Energieeffizienz-Programmmodelle, fehlende Energieeffizienzdaten, schlechte Steuerung der Energieeffizienz, kleine Energieeffizienzmärkte, Energiesubventionen, fehlende Institutionen und Kapazitäten für die Umsetzung der Energieeffizienz (Sarkar und Singh, 2010). Nair et al. (2010) kategorisierten die Faktoren, die Investitionen in Energieeffizienz in bestehenden Wohngebäuden in Schweden beeinflussen, in kontextuelle und persönliche Faktoren. Zu den kontextbezogenen Faktoren gehören Hausbesitz, Alter des Haushalts, Energiekosten des Haushalts und frühere Investitionen in Energieeffizienzverbesserungen, während zu den persönlichen Faktoren das Verhalten des Einzelnen, das Bildungsniveau, das Haushaltseinkommen, das Vorhandensein einer technisch versierten Person im Haushalt, das Geschlecht usw. gehören. Ein Verständnis dieser Hindernisse ist für die Formulierung und Umsetzung einer effizienten Politik zur Förderung der Einführung energieeffizienter Technologien von entscheidender Bedeutung (Reddy, 2013). Die Haupthindernisse für eine verstärkte Einführung effizienter Technologien und Energieeffizienzmaßnahmen sind naturgemäß institutioneller Natur (Taylor et al., 2008 und Sarkar und Singh, 2010). Das Fehlen einer angemessenen Steuerung der Energieeffizienz oder von Befugnissen zur Durchsetzung von Energieeffizienzvorschriften durch die Durchführungsbehörden, einseitige Kreditvergabe durch Finanzinstitute für Energieeffizienz, geteilte Anreize zwischen Vermietern und Mietern, fehlende Informationen über Energieeffizienz und mangelndes Bewusstsein bei verschiedenen Interessengruppen sind Hindernisse für die Energieeffizienz (Sarkar und Singh, 2010). Demand Side Management (DSM) und Energiedienstleistungsunternehmen (ESCOs) wurden von den Ländern der Organisation für wirtschaftliche Zusammenarbeit und Entwicklung (OECD) entwickelt, um diese institutionellen Herausforderungen zu bewältigen, allerdings müssen die institutionellen Mechanismen so gestaltet sein, dass sie sich an das lokale Umfeld anpassen, um effektiv zu sein (Sarkar und Singh, 2010).
Jaffe und Stavins (1994) untersuchten die Gründe, die einer breiten Einführung von Kompaktleuchtstofflampen, verbesserten Wärmedämmstoffen und energieeffizienten Geräten entgegenstehen, und stellten fest, dass Marktversagen, wie z. B. transparente Informationen über die Vorteile der Energieeffizienz, und Nicht-Marktversagen, wie z. B. die Transaktionskosten für die Einführung energieeffizienter Technologien, die Haupthindernisse darstellen. Bedeutende Wirtschaftswissenschaftler vertraten die Auffassung, dass ein unvollkommener Markt das Haupthindernis für die langsame Einführung energieeffizienter Technologien und Investitionen in die Energieeffizienz ist. Zu diesen Marktfehlern gehören Informationsprobleme, nicht bepreiste Energiekosten und der Spill-over-Charakter von Forschung und Entwicklung (Chai und Yeo, 2012). Niedrige Energiepreise durch die Regulierungsbehörden sind eines der Marktversagen, die sich auf die effiziente Nutzung von Energie auswirken. Andere sind unvollkommene Informationen und geteilte Anreize zwischen Vermietern und Mietern (Reddy, 2013). In einer Studie über Optionen und potenzielle Hindernisse und Risiken für die Verringerung des Energieverbrauchs, der Spitzennachfrage und der Emissionen bei sieben wichtigen Haushaltsgeräten für den US-Markt haben Bensal et al. (2011) hohe Anschaffungskosten als eines der Haupthindernisse für die Einführung effizienter Geräte ermittelt und schlagen als Abhilfe die Einführung kostenintensiver Mindestnormen für die Gesamtenergieeffizienz (MEP) und Anreize für Hersteller und Verbraucher vor.
In einer Studie, in der demografische Variablen mit Hindernissen für die Einführung von Energieeffizienzmaßnahmen in britischen Haushalten in Verbindung gebracht wurden, wurden folgende Hindernisse ermittelt: (i) Überzeugungen/Informationen (fehlendes Wissen darüber, was zu tun ist, (i) Überzeugungen/Informationen (mangelndes Wissen darüber, was zu tun ist, Misstrauen gegenüber Energieversorgungsunternehmen) (ii) Kosten (Vorlaufkosten für Energieeffizienzmaßnahmen) (iii) Widerstand zwischen den Bewohnern gegen Energieeffizienzmaßnahmen (iv) institutionelle Hindernisse wie falsch ausgerichtete staatliche Anreize (v) geteilte Anreize zwischen Vermietern und Mietern (vi) persönliches Verhalten und (vii) Einschränkungen, die den Bewohnern durch die Eigentumsstruktur auferlegt werden (Pelenur et al., 2012). In Spanien bestehen folgende Hindernisse für die Energieeffizienz in der bebauten

Umwelt: (i) Finanzielle Hindernisse wie Zugang zu Finanzmitteln, hohe Anfangsinvestitionen und Amortisationserwartungen, konkurrierende Entscheidungen und geringe Priorität von Energiefragen (ii) Informations- und Bewusstseinsbarrieren wie mangelndes Bewusstsein für die Potenziale der Energieeffizienz, unzureichende und ungenaue Informationen und fehlende Informationen über Fähigkeiten und Kenntnisse von Baufachleuten (Travezan et al., 2013). Faber und Hoppe (2013) ermittelten schlechte rechtliche Rahmenbedingungen, mangelnde Marktnachfrage und institutionelle Merkmale des Bausektors als die wichtigsten Hindernisse für die Verbreitung von Innovationen im Bereich der grünen Energie in der niederländischen Bauwirtschaft. Zu den Hindernissen für die Energieeffizienz in Wohngebäuden in China gehören rechtliche Hindernisse (Fehlen spezifischer gesetzgeberischer Befugnisse), administrative Hindernisse (keine ausreichenden Sanktionen bei Nichteinhaltung), finanzielle Hindernisse (kein Mechanismus für die Finanzierung über mehrere Kanäle), Markthindernisse (Fehlen eines Marktes für Energiedienstleistungssysteme, Mangel an Kapital für den Kauf energieeffizienter Geräte) und soziale Hindernisse wie der Einfluss von öffentlichem Wissen, Kultur, Lebensstil und Verhaltensweisen (Zhang und Wang, 2013).

Die Hindernisse für die Energieeffizienz sind in der folgenden Tabelle 1 zusammengefasst

Hemmnisse für die Energieeffizienz		
	Barriere	Beispiel/Erläuterung
1	Politik/ Gesetzliche Bestimmungen	- Energietarife, die von Investitionen in die Energieeffizienz abschrecken - Beschaffungspolitik bevorzugt niedrigste Kosten - Einfuhrzölle auf energieeffiziente Geräte - Unentwickelter institutioneller Rahmen für Energieeffizienz - Fehlen von Gerätenormen und Energieeffizienzvorschriften, fehlende Prüfungen und mangelhafte Durchsetzung - Anreizstrukturen, die Energieversorger zum Verkauf von Energie ermutigen anstatt in kosteneffiziente Energieeffizienz zu investieren - Institutionelle Bevorzugung von Investitionen auf der Angebotsseite
2	Ausrüstung/Dienstleister	- Hohe Projektentwicklungskosten - Diffuse/vielfältige Märkte - Begrenzte technische, betriebswirtschaftliche und Risikomanagement-Kenntnisse - Begrenzte Finanzierung / Eigenkapital - Mangel an erschwinglichen Energieeffizienztechnologien, die den lokalen Bedingungen entsprechen - Unzureichende lokale Kapazitäten für die Identifizierung, Entwicklung, Umsetzung und Aufrechterhaltung von Investitionen in die Energieeffizienz

3	Financiers	- Neue Technologien und Vertragsmechanismen - Kleine Größen / weit verstreut hohe Transaktionskosten - Hohe wahrgenommene Risiken, da es sich nicht um ein traditionelles, auf Vermögenswerten basierendes Projekt handelt - Andere Projekte mit höherem Ertrag und geringerem Risiko sind attraktiver - Verhaltensbedingte Verzerrungen
4	Endverbraucher	- Mangelndes Bewusstsein für Energieeffizienz - Höhere Projektentwicklungs- und Vorlaufkosten - Fähigkeit / Bereitschaft zur Zahlung der Mehrkosten - Geringer Nutzen der Energieeffizienz im Vergleich zu anderen Kosten - Wahrgenommene Risiken der neuen Technologien - Das Konzept der Energieeinsparung ist virtuell (kann nicht gesehen werden) - Gemischte Anreize - Verhaltensbedingte Verzerrungen - Mangel an glaubwürdigen Daten
5	Markt	- Principal-Agent-Problem, bei dem der Investor nicht von der verbesserten Effizienz profitiert
		- Transaktionskosten (Projektentwicklung versus Energieeinsparungen) - Begrenzte Nachfrage nach energieeffizienten Waren und Dienstleistungen
6	Verhaltensweisen	- Prospect-Theorie, Verlustaversion und Ausstattungseffekt - Inkonsistente Zeitpräferenzen und hyperbolische Diskontierung - Soziale Präferenzen und soziale Aspekte (soziale Normen, Vertrauen, Status und Trittbrettfahren) - Informationen (Feedback, Auffälligkeit), Framing und mentale Buchführung (alle im Zusammenhang mit der Entscheidungsarchitektur)

Tabelle 2.1: Hemmnisse für die Energieeffizienz (Quelle: Sarkar und Singh, 2010 und Never, 2014)

2.7 Umsetzung der Energieeffizienz von Haushalten in Afrika südlich der Sahara

Ghana ist ein Vorreiter bei der Umsetzung von Energieeffizienzprogrammen in Afrika südlich der Sahara (UNEP, 2012 und Never, 2014).

"Das Ministerium für Bergbau und Energie, die Private Enterprise Foundation und andere Akteure des Energiesektors gründeten die Ghana Energy Foundation als öffentlich-private Partnerschaft, die für die Förderung der Energieeffizienz in Ghana verantwortlich ist" (Ofosu-Ahenkorah, 2002). Die Energiestiftung hat keine verfassungsmäßigen Befugnisse, wurde aber vom Ministerium für Bergbau und Energie und anderen Interessengruppen beauftragt, von den Interessengruppen genehmigte Initiativen zur Energieeffizienz umzusetzen. Zu den weiteren Aufgaben der Stiftung gehören die Interessenvertretung, die Beratung und die

Mitwirkung bei der Gesetzgebung, die Formulierung von Vorschriften und die Zusammenarbeit mit anderen Akteuren wie dem Ghana Standard Board, der Energiekommission und dem Parlament, um sicherzustellen, dass Vorschriften erlassen und durchgesetzt werden (Ofosu-Ahenkorah, 2002). Die Energiestiftung hat bei der Erfüllung ihrer Aufgabe drei Strategien verfolgt: (i) Aufklärung der Öffentlichkeit und Demonstrationen, (ii) institutionelle Entwicklung und Kapazitätsaufbau und (iii) politische Interessenvertretung und Marktumgestaltung.

Die Einfuhrzölle und die Mehrwertsteuer auf CFLs wurden im April 2003 abgeschafft; 5,9 Millionen CFLs wurden 2007 von der Energiekommission Ghanas kostenlos gegen ineffiziente Lampen ausgetauscht. Das Programm kostete 15,5 Millionen USD, die allein vom Staat getragen wurden, und führte zu Spitzeneinsparungen von 124 MW und 112.320 Tonnen CO_2 pro Jahr. In den Jahren 2008 und 2009 wurden Energieeffizienzstandards und Kennzeichnungen für Haushaltskühlgeräte eingeführt. Eine im Jahr 2009 durchgeführte Erhebung zeigt außerdem, dass die Verbreitung von CFL von 3 % auf 79 % gestiegen ist und die von Glühlampen von 58 % auf 3 % gesunken ist (UNEP, 2012 und Never, 2014). Zu den eingesetzten politischen Instrumenten gehören die Einführung von MEPS (GS 323: 2003) und eine Leistungs- und Effizienznorm für CFLs (L.I 1815) im Jahr 2005. Die Durchführungsstellen sind die Energy Foundation, die Energiekommission, das Ghana Standard Board, die Zollbehörde und die Ghana Standard Authority (GEC, UNEP, 2012 und Never, 2014).

Die ghanaische Regierung nutzte das Refrigerating Appliance Rebate Program (Rabattprogramm für Kühlgeräte), um den Markt für Kühlgeräte in Ghana zu verändern, indem sie einen Rabatt von bis zu 200 GHS für den Kauf eines energieeffizienten Kühl- und Gefriergeräts gewährte, nachdem das alte Gerät abgegeben wurde (GEF, 2013). Die "*Ghana Residential Energy Use and Appliance Ownership Survey: Final Report on the Potential Impact of Appliance Performance Standards in Ghana*" wurde im März 1999 veröffentlicht und bildete die Grundlage für alle nachfolgenden Aktivitäten im Bereich Normen und Labels. Der Bericht zeigt, dass die Festlegung von MEPS für Kühlschränke, Gefriergeräte, Raumklimageräte und Beleuchtungssysteme Ghana einen Nettonutzen von 64 Millionen US-Dollar bringen könnte.

Das Collaborative Labelling and Appliance Standards Program (CLASP), an dem Interessengruppen wie das Lawrence Berkeley National Laboratory (LBNL), die Alliance to Save Energy und lokale Interessengruppen in Ghana beteiligt sind, entwickelte im Jahr 2000 die ersten Normen und Etiketten für Subsahara-Afrika. Auf der Grundlage von Rückmeldungen der ghanaischen Regierung wurden zunächst die Normen für Raumklimageräte und nicht für Kühlschränke festgelegt, da letztere Auswirkungen auf arme Verbraucher haben könnten. Für Raumklimageräte wurde ein Energieeffizienzwert (EER) von 2,5 Watt/Watt und das Prüfverfahren nach ISO 5151 angenommen (Ofosu-Ahenkorah, 2002). "*Die genauen Bedingungen und die Geschichte, die zum Erfolg Ghanas geführt haben, lassen sich zwar nicht auf andere Länder übertragen, aber die wesentlichen Elemente des Prozesses können übernommen werden*". Erstens bestand ein eindeutiger Bedarf an Verbesserungen der Energieeffizienz von Geräten und Ausrüstungen, zweitens wurden sehr früh im Prozess die entsprechenden Rechtsvorschriften mit einem flexiblen Mandat erlassen, drittens wurde mit der Energiestiftung eine privat-öffentliche Partnerschaft gebildet, um den Prozess voranzutreiben, und schließlich war der Prozess offen und transparent (Ofosu-Ahenkorah, 2002).

Die Umsetzung der Energieeffizienz in anderen Ländern Afrikas südlich der Sahara sieht wie folgt aus: Äthiopien hat erfolgreiche Projekte zur energieeffizienten Beleuchtung durchgeführt und Maßnahmen für den Übergang zu effizienter Beleuchtung ergriffen. Es gibt keine freiwilligen oder obligatorischen MEPS, aber die Regierung hat sich mit der Notwendigkeit einer soliden Energieeffizienzpolitik befasst, um Codes und Standards für die Umsetzung der Energieeffizienz festzulegen, herauszugeben und zu veröffentlichen. Weitere unterstützende Maßnahmen sind reduzierte Einfuhrzölle, ein Gesetzesentwurf über effiziente Lampen und eine Sensibilisierungskampagne in verschiedenen Landessprachen. Die Ethiopian Electric Power Corporation (EEPCO) hat mit Unterstützung der Weltbank ein Programm zur Verteilung von 4 Millionen CFLs gestartet (UNEP, 2012).

Die kenianische Regierung hat in Zusammenarbeit mit der GEF und dem UNDP das "Standard and Labelling (S&L) Program" ins Leben gerufen, das darauf abzielt, die strombedingten CO_2-Emissionen durch die Verbesserung der Endverbrauchseffizienz ausgewählter Geräte und Ausrüstungen in Privathaushalten, Gewerbe und Industrie zu verringern. Andere Länder, die sich dieser Initiative angeschlossen haben, sind Burundi, Ruanda, Tansania und Uganda. Dieses politische Programm hat einen fünfjährigen Umsetzungsplan mit dem Ziel, die Hindernisse für die Umstellung des Marktes auf energieeffiziente Produkte und Dienstleistungen zu beseitigen. Das Programm richtet sich an Kunden mit mittlerem und niedrigem Einkommen und nutzt Sensibilisierungskampagnen und obligatorische MEPS als politische Instrumente. Die Umsetzung der Politik hat dazu geführt, dass in der ersten Phase 1,25 Millionen ineffiziente Lampen durch energieeffiziente Lampen ersetzt wurden und in der zweiten Phase 3,3 Millionen energieeffiziente Lampen geplant sind. Das Kenya Bureau of Standards (KEBS), die Standards Development Division (SDD), die Metrology and Testing Division (MTD) und die Quality Assurance and Inspection Division (QAI) sind die ausführenden Stellen (GKMI 2012 und UNEP, 2012).

Die Regierung der Republik Sambia führte 1994 die nationale Energiepolitik ein, um das Elektrizitätsgesetz und die Einrichtung einer Regulierungsbehörde (The Energy Regulation Board) zu ersetzen. Obwohl keine Normen und Kennzeichnungszertifizierung oder MEPS eingeführt wurden, hat das nationale Elektrizitätsversorgungsunternehmen ZESCO den Übergang zu effizienter Beleuchtung eingeleitet, indem es sechs (6) CFLs pro Haushalt im Austausch gegen Glühlampen verteilt. Weitere von ZESCO ergriffene Maßnahmen sind die Stundung von Zoll und Mehrwertsteuer auf effiziente Lampen, Partnerschaften mit Einzelhändlern und die Förderung der Verwendung von CFL durch die Verbraucher durch Sensibilisierungskampagnen (UNEP, 2012).

Die südafrikanische Regierung veröffentlichte 2005 die Nationale Energieeffizienzstrategie (NEES) für den Haushaltssektor. Das nationale Versorgungsunternehmen ESKOM führte die Programme zur Nachfragesteuerung an, die auf energieeffiziente Technologien und Verhaltensänderungen abzielten. Dies führte 2011 zur Installation von über 47 Millionen CFLs im Haushaltssektor, wodurch die Nachfrage um 1.958 MW gesenkt wurde. Strategisch wurde die Entwicklung des Energiesektors mit den nationalen sozioökonomischen Entwicklungsplänen verknüpft, und die südafrikanische Regierung strebt bis 2015 eine Verbesserung der Energieeffizienz im Haushaltssektor um 10 % gegenüber dem Stand von 2005 an. Bei der Verteilung von CFLs wurden Tür-zu-Tür-Kampagnen und Umtauschstellen eingesetzt. Die Überwachung, Überprüfung und Durchsetzung erfolgt durch das South African Bureau of Standards (SABS). Im Rahmen einer Initiative von ESKOM, Western Cape und der Stadt Kapstadt wurde eine CFL-Rückgewinnungsstrategie entwickelt und die CFL-Verkaufsstellen als die praktischste Wahl für die Abgabestellen ermittelt (UNEP, 2012).

Politiken und Maßnahmen	Länder
MEPS	Ghana
Beseitigung von Zöllen und Steuern	Uganda, Ruanda und Gambia
Beschaffung in großen Mengen mit und ohne Kostendeckung	Ruanda, Ghana, Südafrika und Uganda
Integration der CDM-Vorteile	Ruanda, Ghana, Senegal, Südafrika, Malawi, Kenia, Nigeria, Togo und Tschad
Branding mit kooperativer Werbung und Promotion	Uganda und Ruanda

Tabelle 2.2: Strategien und Maßnahmen zur Energieeffizienz in Afrika südlich der Sahara (Quelle: UNEP, 2012)

2.8 Lehren aus anderen Ländern

Die folgenden Lehren wurden aus der Umsetzung der Energieeffizienzpolitik für Haushaltsgeräte in anderen Ländern gezogen:

1. Die Einführung energieeffizienter Geräte in den Haushalten birgt ein enormes Potenzial zur Verringerung des nationalen Energiebedarfs und der Emission von Treibhausgasen, insbesondere von Kohlendioxid
2. Die Energieeffizienz von Haushaltsgeräten wurde in vielen Ländern durch Energiekennzeichnung, Beschaffung energieeffizienter Geräte, freiwillige Vereinbarungen, Nachfragesteuerung und die

Durchsetzung von Mindeststandards für die Energieeffizienz verbessert.

3. Zu den von anderen Ländern eingesetzten politischen Instrumenten gehören Regulierungs-, Verwaltungs-, Informations- und Wirtschaftsinstrumente

4. Informationsrückmeldungen und massive Bewusstseinsbildung über verschiedene Medien wurden genutzt, um eine Verhaltensänderung bei der Energienutzung in den Haushalten zu erreichen

5. Damit eine Politik wirksam ist, sollte sie so konzipiert sein, dass sie berücksichtigt, wie Technologieeinsatz, Energiesparpraktiken, Wissen über die Energienutzung und Verhalten in Bezug auf Energieeinsparungen mit den Merkmalen der Haushalte zusammenhängen, und sie sollte dem lokalen Umfeld entsprechen.

6. Für eine wirksame Politik ist eine Kombination von Instrumenten erforderlich

7. Die Umstellung der Haushalte auf effiziente Geräte muss durch entsprechende Rechtsvorschriften geregelt werden

8. Für eine wirksame und effiziente Politik müssen alle Interessengruppen im Bereich Haushaltsgeräte (Hersteller, Verkäufer, Benutzer usw.) in einem offenen und transparenten Prozess einbezogen werden.

9. Alle staatlichen Stellen, die an der Steuerung der Energieeffizienz von Haushaltsgeräten beteiligt sind, müssen synergetisch zusammenarbeiten.

2.9 Theoretischer Rahmen

Das Governance Assessment Tool (GAT) wird zur Bewertung der Governance-Strategie von Energieeffizienzmaßnahmen und -praktiken für große Elektrogeräte in der bebauten Umwelt in Nigeria eingesetzt.

Bressers et al. (2013) definieren Governance wie folgt: "Governance ist die Kombination der relevanten Vielfalt von Verantwortlichkeiten und Ressourcen, instrumentellen Strategien, Zielen, Akteursnetzwerken und Maßstäben, die einen Kontext bildet, der in gewissem Maße Handlungen und Interaktionen einschränkt und in gewissem Maße ermöglicht.

Das Instrument, das vor allem für die Bewertung der Wasser-Governance eingesetzt wurde, spezifiziert jedoch die Dimensionen der Governance im Allgemeinen und kann den Inhalt des Governance-Regimes in einem bestimmten Gebiet zu einem bestimmten Thema systematisch beschreiben (Bressers et al., 2013). GAT ist eine "Matrix" wie ein Modell, das aus fünf Elementen und vier Kriterien besteht, das die sich daraus ergebenden (Inter-)Aktionen im Zusammenhang mit der Umsetzung von Maßnahmen oder Projekten nicht als Teil des Governance-Konzepts betrachtet, sondern Governance als den Kontext, in dem solche (Inter-)Aktionen stattfinden. Dies bedeutet, dass die Ergebnisse der Analyse nicht sagen, was die beste politische Option ist; vielmehr lenkt das Modell die Aufmerksamkeit auf die Governance-Bedingungen, die politische Maßnahmen und Projekte unter komplexen und dynamischen Bedingungen behindern können. Die Art der Politikberatung, die das Modell generiert, ist die Frage, welche Barrieren und Hindernisse im Governance-Kontext für die Wirksamkeit der Politik angegangen werden müssen (Breesers et al., 2013).

"Die Bewertung eines Governance-Regimes sollte auf der Identifizierung des Regimes und der Bewertung des Regimes anhand von Kriterien basieren" (Bressers et al., 2013). Die Governance der Energieeffizienzpolitik für elektrische Haushaltsgroßgeräte in Nigeria wird anhand der fünf Dimensionen und vier Kriterien des GAT bewertet. Infolgedessen wird eine Matrix von Themen erstellt, die für das Ausmaß relevant sind, in dem der Governance-Kontext ein effektives Management der Energieeffizienzpolitik für Elektrogroßgeräte in der Praxis in Nigeria leitet und erleichtert.

Die fünf Schlüsselelemente der Governance sind:

1. Ebenen und Maßstäbe (nicht notwendigerweise Verwaltungsebenen): Die Governance übernimmt den mehrstufigen Charakter aller anderen Dimensionen.

2. Akteure und ihre Netzwerke: Die Governance setzt den Multi-Akteurscharakter des/der jeweiligen Netzwerks/Netzwerke voraus. "*Die beteiligten Akteure handeln meist nicht allein, sondern auch im Namen von Hinterbänklern oder Interessengruppen, die sie vertreten. Es ist wichtig, die Netzwerkverbindungen um die Akteure und die bestehende Koalition zu berücksichtigen*" (Kuks et al., 2012).

3. Wahrnehmung des Problems und der Zielsetzungen (nicht nur der Ziele): Governance geht von der Vielschichtigkeit der Probleme und Zielsetzungen aus. "*Verschiedene Akteure haben unterschiedliche Perspektiven auf ein politisches Problem. Es gibt verschiedene Diskurse, in denen eine Gruppe von Akteuren ein Problem wahrnimmt. Auch die Zielsetzungen variieren zwischen den Akteuren*" (Kuks et al., 2012).

4. Strategien und Instrumente: Die Governance geht von einem multiinstrumentellen Charakter der Strategien der beteiligten Akteure aus. "*Um wirksam zu sein, ist eine Strategie zur Zielerreichung*

erforderlich, die eine Vielzahl von politischen Instrumenten umfasst, die angewandt werden müssen" (Kuks et al., 2012).

5. Ressourcen und Organisation der Umsetzung: Die Governance geht von einer komplexen, ressourcenübergreifenden Grundlage für die Umsetzung aus. (Kuks et al., 2012, Bressers et al., 2013). *"Es reicht nicht aus, eine politische Strategie auf dem Papier zu haben. Sie muss auch umgesetzt werden, um wirksam zu werden. Die Umsetzung findet oft auf einer anderen, niedrigeren Ebene der Regierung statt. Die Wirksamkeit hängt von den zugewiesenen Verantwortlichkeiten (Zuständigkeiten, Mandate) und von den Ressourcen ab, die auf dieser unteren Regierungsebene verfügbar sind oder ihr zur Verfügung gestellt werden. Wichtige Ressourcen sind: Autorität, Vertrauen, Eigentumsrechte, finanzielle Mittel, organisatorische Kapazitäten, Humanressourcen, Fachwissen, Informationen, Kenntnisse und Zeit"* (Kuks et al., 2012).

Die vier Schlüsselkriterien sind:

i.   Ausmaß: Werden alle relevanten Aspekte berücksichtigt?
ii. Kohärenz: Verstärken sich alle Aspekte gegenseitig, anstatt sich zu widersprechen?
iii. Flexibilität: Sind mehrere Wege zu den Zielen, je nach den sich bietenden Chancen und Gefahren, zulässig und werden sie unterstützt?
iv. Intensität: das Ausmaß, in dem die Regimeelemente auf Veränderungen des Status quo oder der aktuellen Entwicklungen drängen. (Bressers et al., 2013).

Evaluative Fragen werden auf der Grundlage der vier Qualitätskriterien formuliert. Um das Forschungsdesign zur Bewertung des Governance-Kontextes in Bezug auf eine bestimmte Ressource einzuleiten, sind deskriptive Fragen auf der Grundlage von fünf Governance-Dimensionen sinnvoll. Spezifische Fragen und Antworten auf diese Fragen, die auf fünf Dimensionen basieren, ergeben ein detailliertes Bild des Governance-Umfelds. Die deskriptiven Fragen lauten:

Governance-Dimensionen	Wichtigste beschreibende Fragen
Niveaus und Skalen	Welche Verwaltungsebenen sind beteiligt und wie? Welche Skalen der Energieeffizienz werden berücksichtigt und in welcher Weise? Inwieweit hängen sie voneinander ab oder sind sie in der Lage, eigenständig produktiv zu handeln? Haben sich einige dieser Faktoren im Laufe der Zeit verändert oder werden sie sich in absehbarer Zukunft wahrscheinlich verändern?
Akteure und Netzwerke	Welche Akteure sind an dem Prozess beteiligt? Inwieweit haben sie Netzwerkbeziehungen auch außerhalb des untersuchten Falles? Was sind ihre Rollen? Welche Akteure sind nur als Betroffene oder Nutznießer der ergriffenen Maßnahmen beteiligt? Welche Konflikte gibt es zwischen diesen Akteuren? Welche Formen des Dialogs gibt es zwischen ihnen? Gibt es Akteure, die eine vermittelnde Rolle einnehmen? Hat sich einer dieser Akteure im Laufe der Zeit verändert oder wird er sich in absehbarer Zeit verändern?
Problemperspektiven und Zielvorstellungen	Aus welchen verschiedenen Blickwinkeln wird das Problem von der Öffentlichkeit und den Interessengruppen diskutiert? Auf welche Effizienzniveaus zielen die derzeitigen Maßnahmen ab? Welche Effizienzniveaus dieser Geräte werden von den verschiedenen Interessengruppen als akzeptabel angesehen? Welche Ziele sind in den einschlägigen politischen Dokumenten festgelegt? Haben sich diese Ziele im Laufe der Zeit geändert oder werden sie sich in absehbarer Zukunft wahrscheinlich ändern?
Strategien und Instrumente	Welche politischen Instrumente und Maßnahmen werden eingesetzt, um die Problemsituation zu verändern? Inwieweit spiegeln sie eine bestimmte Strategie der Einflussnahme wider (regulierend, anreizend, kommunikativ, technisch usw.)? Haben sich diese im Laufe der Zeit verändert oder werden sie sich in absehbarer Zukunft wahrscheinlich verändern?
Zuständigkeiten und Ressourcen	Welche Organisationen sind im Rahmen der einschlägigen Politiken und Gepflogenheiten für welche Aufgaben zuständig? Welche Transparenz wird hinsichtlich ihrer Verwendung gefordert und überwacht? Ist ausreichendes Wissen über Energieeffizienz vorhanden? Hat sich etwas davon im Laufe der Zeit geändert oder wird es sich in absehbarer Zeit ändern?

Tabelle 2.3: Deskriptive Hauptfragebögen für die einzelnen Dimensionen der Governance (Quelle: Bressers et al., 2013)

Der Fragebogen für die Regimebewertung lautet:

Governance-Dimensionen	Ausmaß	Kohärenz	Flexibilität	Intensität

21

Niveaus und Skalen	Wie viele Ebenen sind beteiligt und befassen sich mit einem Thema? Gibt es wichtige Lücken oder fehlende Ebenen?	Arbeiten diese Ebenen zusammen und vertrauen sie sich gegenseitig zwischen den Ebenen? Inwieweit wird die gegenseitige Abhängigkeit zwischen den Ebenen anerkannt?	Ist es in Anbetracht der Problematik möglich, die Stufen auf- und abwärts zu verschieben (Aufwärts- und Abwärtsskalierung)?	Gibt es eine starke Auswirkung von einer bestimmten Ebene aus in Richtung Verhaltensänderung oder Managementreform?
Akteure und Netzwerke	Sind alle relevanten Interessengruppen beteiligt? Wer ist ausgeschlossen?	Wie stark sind die Wechselwirkungen zwischen Akteure? Auf welche Weise sind diese Interaktionen in gemeinsamen Strukturen institutionalisiert? Wie sieht die Geschichte der Zusammenarbeit aus? Gibt es eine Tradition der Zusammenarbeit?	Ist es möglich, dass neue Akteure einbezogen werden oder sogar die Führung von einem Akteur zum anderen wechselt, wenn es dafür pragmatische Gründe gibt? Haben die Akteure ein gemeinsames "soziales Kapital", das es ihnen ermöglicht, sich gegenseitig bei ihren Aufgaben zu unterstützen?	Gibt es einen starken Druck seitens eines Akteurs oder einer Akteurskoalition in Richtung Verhaltensänderung oder Managementreform?
Problemperspektiven und Zielambitionen	Inwieweit werden die verschiedenen Problemperspektiven beachtet?	Inwieweit unterstützen sich die verschiedenen Ziele gegenseitig, oder stehen sie in Konkurrenz bzw. im Konflikt?	Gibt es Möglichkeiten, die Ziele neu zu bewerten?	Inwieweit unterscheiden sich die Zielsetzungen vom Status quo oder vom "Business as usual"?
Strategien und Instrumente	Welche Arten von Instrumenten sind in der politischen Strategie vorgesehen?	Inwieweit basiert das Anreizsystem auf Synergieeffekten? Werden Kompromisse bei den Kostenvorteilen und Verteilungseffekten berücksichtigt?	Gibt es Möglichkeiten zur Kombination oder Nutzung verschiedener Arten von Instrumente? Gibt es eine	Wie stark weicht das Verhalten von der derzeitigen Praxis ab und wie stark sind die

Tabelle 2.4: Wichtigste Bewertungsfragen des Governance-Bewertungsinstruments (Quelle: Kuks et al., 2012, Bressers et al., 2013)

		Gibt es Überschneidungen oder Anreizkonflikte, die durch die einbezogenen politischen Instrumente entstehen? Wahl?		die Instrumente dies verlangen und durchsetzen?
Zuständigkeiten und Ressourcen	Sind die Zuständigkeiten klar zugeordnet und ausreichend mit Ressourcen ausgestattet?	Inwieweit führen die zugewiesenen Zuständigkeiten zu Kompetenzkonflikten oder zur Zusammenarbeit innerhalb oder zwischen den Institutionen? Werden sie von den Hauptakteuren als legitim angesehen?	Inwieweit ist es möglich, die zugewiesenen Zuständigkeiten und Ressourcen zusammenzulegen, solange die Rechenschaftspflicht und Transparenz nicht beeinträchtigt werden?	Reichen die zugewiesenen Mittel aus, um die Umsetzung der Maßnahmen, die für die angestrebte Veränderung erforderlich sind?

Die oben gestellten Fragen werden angewandt, um die Qualität der Governance von Energieeffizienzmaßnahmen und -praktiken für große Elektrogeräte in der gebauten Umwelt in Nigeria zu bewerten.

23

2.9.1 Zusammenhang zwischen dem Governance-Kontext und dem Interaktionsprozess

Die GAT hat ihre Wurzeln in der Contextual Interaction Theory (CIT). "Die Dimensionen der Governance bilden ein deskriptives Modell und eine Checkliste zur Beschreibung aller relevanten Aspekte des Governance-Kontextes. Dieser Kontext beeinflusst die Motivationen, Informationen und Ressourcen der an der Governance von Energieeffizienzmaßnahmen und -praktiken beteiligten Akteure und damit den Verlauf und die Auswirkungen. Das CIT geht von der Behauptung aus, dass Multi-Akteurs-Prozesse anhand der Motivationen, Informationen und Ressourcen (M, I und R in Abbildung 1) der am Prozess beteiligten Akteure verstanden werden können. Diese Stakeholder-Merkmale werden wiederum durch spezifische Fallumstände beeinflusst, die sich aus früheren Entscheidungen (relevante Geschichte, die bis zu einem gewissen Grad den Governance-Kontext widerspiegelt) und anderen Fallumständen (wie den Merkmalen des geografischen Ortes) ergeben. Auch der strukturelle und allgemeine Governance-Kontext kann einen direkten Einfluss auf die Motivationen, Informationen und Ressourcen der beteiligten Akteure und somit auf den Prozess und seine Erfolgswahrscheinlichkeit ausüben. Ein weiterer Kontext ist durch die fünf Kriterien gegeben, die beeinflussen, inwieweit sie angemessene und anpassungsfähige Maßnahmen der beteiligten Akteure ermöglichen" (Bressers et al., 2013).

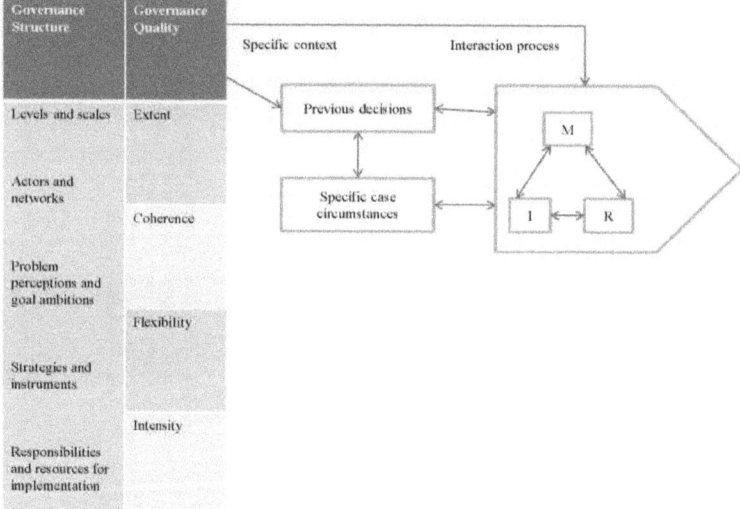

Abbildung 2.1: Beziehung zwischen dem Governance-Kontext und dem Interaktionsprozess mit der Motivation M, den Informationen I und den Ressourcen R der beteiligten Akteure. (Quelle: Bressers et al., 2013)

Kapitel 3

3: Forschungsmethodik

3.1 Einführung

Die empirische Studie über die Energieeffizienzpolitik für Elektrogroßgeräte im Haushaltsbereich in Nigeria umfasste vier Fallstudien. Die Fälle wurden ausgewählt, weil es sich um die wichtigsten Regierungsorgane handelt, die auf zentraler Ebene tätig sind und sich mit Energieeffizienz befassen. Zur Erhebung qualitativer Daten wurden 10 halbstrukturierte Interviews geführt.

3.2 Forschungsstrategie

"Unter Forschungsstrategie verstehen wir die kohärente Gesamtheit der Entscheidungen über die Art und Weise, in der der Forscher die Forschung durchführen wird, insbesondere das Sammeln von relevantem Material und die Verarbeitung dieses Materials zu gültigen Antworten auf die Forschungsfragen" (Verschuren und Doorewaard, 2010: 155).

In dieser Untersuchung wurde das GAT auf der Grundlage des theoretischen Rahmens verwendet, der in der Literaturübersicht gefunden wurde. Außerdem wurde ein Fallstudienansatz verwendet [Die Fallstudie ist eine Forschungsstrategie, bei der der Forscher versucht, einen vollständigen Einblick in ein oder mehrere zeitlich und räumlich begrenzte Objekte oder Prozesse zu gewinnen. Dabei kann es sich um eine Organisation, ein Unternehmen, ein Governance-System usw. handeln (Verschuren und Dooreward, 2010: 178)]. Dieser Ansatz wurde auf der Grundlage der Merkmale von Fallstudien gewählt, von denen einige einen kleinen Bereich mit einer geringen Anzahl von Fällen, mehr Tiefe als Breite, eine strategische Stichprobe, qualitative Daten und die Eignung für praxisorientierte Forschung betreffen.

Es wurde ein persönliches Interview mit offenen Fragen aus dem GAT durchgeführt. Der für die Befragung verwendete Fragebogen ist als Anhang A beigefügt. Als Sekundärdaten wurden statistische Daten aus der UNDP-GEF-Studie zur Verbrauchsmessung und dem CFL-Projekt verwendet. Für diese Untersuchung wurden zehn Experten befragt und von allen Antworten eingeholt. Vier von ECN, da es sich um die Stelle handelt, die mit der Formulierung der Politik und der strategischen Planung für den Energiesektor in Nigeria in all seinen Verzweigungen beauftragt ist, und zwei Experten von den anderen Forschungsobjekten.

3.2.1 Fallstudie

Nigeria verfügt über ein föderales, bundesstaatliches und lokales Regierungssystem. Aufgrund der zeitlichen Beschränkung, die der Forscher für die Fertigstellung dieser Masterarbeit hat, wurden vier staatliche Einrichtungen auf Bundesebene als Forschungsobjekte oder Fälle ausgewählt. Diese Einrichtungen werden als ausreichend angesehen, um die Informationen zu liefern, die für die Bewertung der Energieeffizienz von Elektrogroßgeräten in nigerianischen Haushalten benötigt werden.

3.2.2 Auswahl der Fallstudie

Die bewerteten Regierungsinstitutionen beruhen auf der Tatsache, dass es sich um die wichtigsten Regierungsorgane handelt, die auf zentraler Ebene für die Politik und Regulierung des Energiesektors in Nigeria zuständig sind.

3.2.3 Grenzen der Forschung

Die Grenzen der Forschung werden festgelegt, um sicherzustellen, dass das Ziel dieser Forschung innerhalb des Zeitrahmens erreicht wird. Der Wert dieser Forschung wird dadurch jedoch nicht unbedingt gemindert.

Für diese Forschung werden folgende Grenzen gesetzt:
- Bei den Elektrogeräten handelt es sich um Beleuchtung, Kühlschränke und Klimaanlagen.
- Für die als Fallstudie ausgewählten und bewerteten staatlichen Einrichtungen gelten die in Abschnitt 3.1.1 und 3.1.2 genannten Kriterien.

3.3 Analytischer Rahmen

Der analytische Rahmen dieser Untersuchung ist in dem nachstehenden Schema dargestellt.

Die Datenanalyse für diese Masterarbeit wurde in der folgenden Reihenfolge durchgeführt:

(a) Der erste Schritt ist die Durchführung einer Literaturrecherche über die Einführung energieeffizienter Elektrogeräte in Haushalten anhand veröffentlichter wissenschaftlicher Zeitschriftenartikel. Die aus der Literaturanalyse gewonnenen Erkenntnisse dienen der Beantwortung der Teilfrage 4.

(b) Die Befragung und Auswertung der Interviews erfolgte mit Hilfe von GAT. Die vier Forschungsobjekte wurden befragt und ausgewertet. Das Ergebnis der Analyse beantwortete die Unterforschungsfrage 1.

(c) Es wurde eine Beziehung zwischen dem Governance-Kontext und dem Interaktionsprozess mit der Motivation, den Informationen und den Ressourcen der Beteiligten hergestellt. Die Teilfrage 3 wurde hier beantwortet. Außerdem wurde eine deskriptive Analyse der lokalen Energieeffizienzpolitik, -praktiken und -projekte in nigerianischen Haushalten durchgeführt. Hier wurde die

Teilforschungsfrage 2 beantwortet.

(d) Die Ergebnisse der GAT-Analyse und ihre Wechselbeziehung mit der Motivation, den Informationen und den Ressourcen der Interessengruppen, die Ergebnisse der beschreibenden Analyse der gegenwärtigen Energieeffizienzpolitik, -praktiken und lokalen Projekte in Kombination mit den Erfahrungen aus anderen Ländern wurden verwendet, um Empfehlungen für die politische Planung zu geben. Unterforschungsfrage 5 wurde hier beantwortet.

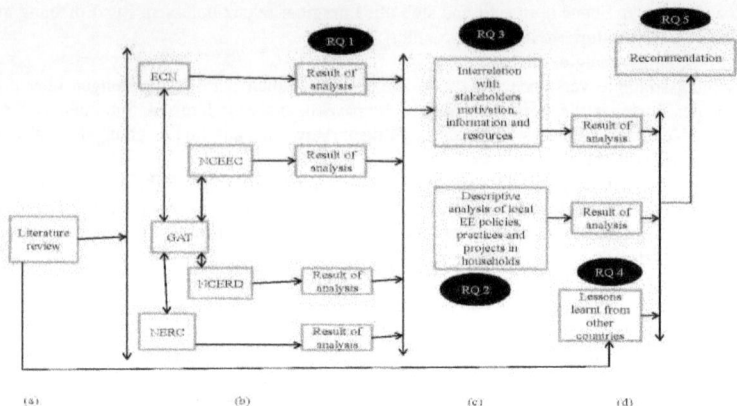

Abbildung 1.1: Schematische Darstellung des Analyserahmens

3.4 Forschungsmaterial

Die Identifizierung der für den Zweck dieser Untersuchung erforderlichen Daten basierte auf der Reihe von Unterforschungsfragen. Die Quelle der Daten, die Methode der Datenerhebung und die Antworten auf die Forschungsfragen sind in Tabelle 5 dargestellt

Ziel der Forschung	Zentrale Forschungsfrage			
Das allgemeine Ziel dieser Studie ist es, den Stand der Umsetzung und die Art der Energieeffizienzmaßnahmen und -praktiken für die wichtigsten Elektrogeräte im Haushaltssektor in Nigeria zu untersuchen und Empfehlungen für die politische Planung zu geben.	Was lässt sich aus dem Governance-System für Energieeffizienzmaßnahmen und -praktiken für Elektrogroßgeräte in Privathaushalten in Nigeria seit dem Jahr 2008 bis heute lernen?			RQ beantwortet in Kapitel 6
	Erforderliche Daten	**Quelle**	**Wie man auf Daten zugreift**	
Frage 1: Wie wird die Energieeffizienz der wichtigsten Elektrogeräte in nigerianischen Haushalten gesteuert?	Alle von GAT geforderten Informationen	ECN, NCEEC, NCERD und NERC	Interview	RQ beantwortet in Kapitel 5
Frage 2: Welche Politiken, Praktiken und lokalen Projekte gibt es derzeit in Nigeria in Bezug auf die Energieeffizienz von elektrischen Hauptgeräten in nigerianischen Haushalten?	Umsetzung der EE-Politik in nigerianischen Haushalten von 2008 bis heute.	ECN, NCEEC, NCERD und NERC	Interview, Internet und Inhaltsanalyse der Projektunterlagen	RQ beantwortet in Kapitel 4
Frage 3: Wer sind die wichtigsten Interessengruppen, ihre Motivationen, Informationen, Ressourcen und ihre Beziehungen zueinander, wenn es um die Energieeffizienz von	Name der Beteiligten, Ziele und Interessen der beteiligten Akteure, externer Druck, Bewertung der Selbstwirksamkeit, Selbstregulierung.	ECN, NCEEC, NCERD und	Interview	RQ beantwortet in

Forschungsfrage	Methode der Datenerhebung	Datenquelle		Ort der Beantwortung
wichtigsten Elektrogeräte in nigerianischen Haushalten?	Interpretation von Informationen und Beobachtung der Realität, Kenntnis der entscheidenden Zielgruppen, Informationen, die der Zielgruppe zur Verfügung stehen, wie gut dokumentiert sind die Informationen, die den verantwortlichen Durchführenden zur Verfügung stehen, Machtzuschreibung durch andere, Verfügbarkeit und Zugänglichkeit von Ressourcen, wer ist befugt, das Instrument anzuwenden, und wie weit reicht diese Befugnis?	NERC		Kapitel 5
Frage 4: Welche Lehren kann Nigeria aus den in Fachzeitschriften veröffentlichten Strategien anderer Länder in Bezug auf die Formulierung und Umsetzung von Strategien zur Steigerung der Energieeffizienz von Elektrogroßgeräten in Haushalten ziehen?	Erfolgsgeschichte anderer Länder (Politik, Praxis und Umsetzung)	Akademische Zeitschriftenartikel undE Umsetzungsberichte anderer Länder	Internet und Websites	RQ beantwortet in Kapitel 2
Frage 5: Welche alternativen Strategien können für die Energieeffizienz von Elektrogroßgeräten in der bebauten Umwelt in Nigeria formuliert und umgesetzt werden?	Lehren aus der GAT-Analyse, lokalen Projekten und anderen Ländern	Ergebnis der Datenanalyse	Ergebnisse der Forschung	RQ beantwortet in Kapitel 6

Tabelle 3.1: Datenquelle, Methode der Datenerhebung und Ort der Beantwortung der Forschungsfragen

3.5 Datenanalyse

Die qualitative und quantitative Analyse der Daten aus den Interviews erfolgte anhand der GAT-Struktur. Die Interviewtranskripte wurden analysiert, indem alle relevanten Antworten der zehn befragten Experten aufgelistet wurden. Die Häufigkeiten der verschiedenen Meinungen pro Frage wurden in Prozentsätze umgerechnet und in den Diagrammen in Kapitel 5 dargestellt, um die Varianz der Antworten der Befragten pro Frage darzustellen. Eine deskriptive Analyse der Umsetzung von Energieeffizienzmaßnahmen und -praktiken, die derzeit in nigerianischen Haushalten angewandt werden, wurde ebenfalls in Kapitel 4 durchgeführt. Die folgende Tabelle fasst die Analyse zusammen:

GAT-Struktur	Methode der Analyse
Energieeffizienzpolitik und -praktiken in Nigeria	Hier wurden die Antworten auf Frage 1 qualitativ und quantitativ ausgewertet.
Multi-Agentur-Governance	Welches sind die wichtigen Fragen, die es zu analysieren gilt? • Hinsichtlich des *Umfangs*: Wie viele Stellen sind beteiligt und befassen sich mit der Energieeffizienz von elektrischen Haushaltsgroßgeräten? Gibt es wichtige fehlende Stellen? • Was die *Kohärenz* betrifft: Arbeiten diese Agenturen zusammen und vertrauen sie einander? • Was die *Intensität* betrifft: Gibt es einen starken Einfluss einer bestimmten Agentur auf die Verhaltensänderung?
Multi-Akteur-Governance	Welches sind die wichtigen Fragen, die es zu analysieren gilt? • In Bezug auf den *Umfang*: Sind alle relevanten Interessengruppen beteiligt? Wer ist ausgeschlossen? In Bezug auf die *Kohärenz*: Wie stark sind die Interaktionen zwischen den Akteuren? Auf welche Weise sind diese Interaktionen in gemeinsamen Strukturen institutionalisiert? Wie sieht die Geschichte der Zusammenarbeit aus, gibt es eine Tradition der Kooperation? • Was die *Flexibilität* betrifft: Wird es praktiziert, dass die Hauptrolle von einem Schauspieler zum anderen wechselt? • Was die *Intensität* betrifft: Gibt es einen starken Einfluss eines Akteurs oder einer Akteurskoalition?
Multiperspektivische Governance	Welches sind die wichtigen Fragen, die es zu analysieren gilt? • In Bezug auf den *Umfang*: Inwieweit werden die verschiedenen Problemperspektiven beachtet? • In Bezug auf die *Kohärenz*: Inwieweit unterstützen sich die verschiedenen Ziele gegenseitig, oder stehen sie in Konkurrenz zueinander? • Was *die Flexibilität* betrifft: Gibt es Möglichkeiten, die Ziele neu zu bewerten? • Was die *Intensität* betrifft: Wie sehr unterscheiden sich die Zielsetzungen vom Status quo?

Multi-Instrument Governance	Welches sind die wichtigen Fragen, die es zu analysieren gilt? • In Bezug auf den *Umfang*: Welche Arten von Instrumenten sind in der politischen Strategie vorgesehen? • In Bezug auf die *Kohärenz*: Inwieweit basiert das daraus resultierende Anreizsystem auf Synergieeffekten? • Was *die Flexibilität* betrifft: Gibt es Möglichkeiten zur Kombination oder verschiedene Arten von Instrumenten zu verwenden? Gibt es eine Auswahl? - In Bezug auf die *Intensität*: Welche Verhaltensabweichung von der derzeitigen Praxis wird vorausgesetzt, und wie stark wird dies durch die Instrumente gefordert und durchgesetzt?
Multi-Ressource Governance	Welches sind die wichtigen Fragen, die es zu analysieren gilt? • In Bezug auf den *Umfang*: Sind die Zuständigkeiten klar verteilt und ausreichend mit Ressourcen ausgestattet? • In Bezug auf die *Kohärenz*: Inwieweit führen die zugewiesenen Zuständigkeiten zu Kompetenzstreitigkeiten oder zur Zusammenarbeit innerhalb oder zwischen den Institutionen? • Was die *Flexibilität* betrifft: Wie groß ist die Flexibilität im Rahmen der zugewiesenen Verantwortung, Ressourcen einzusetzen, um das Richtige auf verantwortliche und transparente Weise zu tun? • In Bezug auf die *Intensität*: Reicht der Umfang der eingesetzten Mittel für die angestrebte Veränderung aus?
Politische Herausforderungen und Empfehlungen	Hier wurden die Antworten auf die Fragen 18 und 19 qualitativ und quantitativ ausgewertet.

Tabelle 3.2: Methode der Datenanalyse

3.6 Aufbau des Berichts

Diese Arbeit besteht aus sechs Kapiteln. Im ersten Kapitel wird die Notwendigkeit einer empirischen Studie über die Energieeffizienz von Elektrogroßgeräten im Wohnbereich in Nigeria näher erläutert. Der Forschungsrahmen, die Schlüsselkonzepte und die Forschungsfrage wurden hier ebenfalls vorgestellt. Kapitel zwei beantwortet die vierte Teilfrage, indem es eine umfassende Literaturrecherche über die Einführung energieeffizienter Elektrogeräte in Haushalten durchführt und die Erfahrungen aus anderen Ländern berücksichtigt. Außerdem wird der theoretische Rahmen erläutert.

Kapitel drei befasst sich mit der Forschungsmethodik. Hier wurden der Forschungsprozess und die Methode der Datenanalyse erläutert.

Kapitel vier beschreibt die Umsetzung von Energieeffizienzmaßnahmen und -praktiken in Nigeria vom Jahr 2008 bis heute. Es beschreibt den Umsetzungsprozess und die erzielten Ergebnisse.

Kapitel fünf befasst sich mit der Bewertung von Energieeffizienzmaßnahmen und -praktiken anhand von GAT-Fragebögen. Es wurden zehn halbstrukturierte Interviews durchgeführt und die Meinungsunterschiede der Experten wurden anhand der GAT-Struktur analysiert. Abschließend wird das Ergebnis der Scorecard aus der Anwendung von GAT auf die Fallstudie dargestellt.

In Kapitel sechs wurden Schlussfolgerungen gezogen und Empfehlungen für die Politikgestaltung gegeben, indem die Hauptforschungsfrage und die Unterforschungsfragen beantwortet wurden.

Kapitel 4

4: Umsetzung der Energieeffizienzpolitik für Haushalte in Nigeria

In diesem Kapitel wird ein Überblick über die nationalen Regierungsmaßnahmen zur Energieeffizienz in Haushalten gegeben. Besonderes Augenmerk wird dabei auf die Umsetzung der Politik gelegt.

4.1 Politik zur Energieeffizienz der Haushalte

Die nigerianische Energiekommission hat in ihrer nationalen Energiepolitik (ECN, 2003) folgende Maßnahmen zur Energieeffizienz und Energieeinsparung festgelegt: (i) Energieeinsparung soll auf allen Ebenen der Nutzung der Energieressourcen des Landes gefördert werden, (ii) die nationale Regierung soll die Entwicklung und Einführung energieeffizienter Methoden der Energienutzung fördern. Allerdings wird die nationale Energiepolitik derzeit überarbeitet. Kürzlich vorgeschlagene Energieeffizienzmaßnahmen für Haushalte sind: (i) die nationale Regierung soll die Verwendung energieeffizienter und umweltfreundlicher Technologien fördern, (ii) die nationale Regierung soll Energieeffizienzstandards für Heizungs- und Klimaanlagen, Geräte und andere Verbraucher wie Beleuchtung und Unterhaltungselektronik fördern (ECN, 2013).

Die für die Umsetzung der Politik vorgeschlagenen kurzfristigen Strategien sind:

> Förderung der Verwendung energieeffizienter Haushaltskochherde,
> Ausarbeitung, Förderung und Umsetzung von Mindestnormen für die Gesamtenergieeffizienz (MEP) und obligatorische Kennzeichnung von Energie verbrauchenden Haushaltsgeräten,
> Sensibilisierung für das Kosten-Nutzen-Verhältnis der Energieeffizienz in Wohngebäuden,
> Einrichtung von Demonstrationsprojekten zur Förderung von Investitionen in Energieeffizienzmaßnahmen;
> Förderung der breiten Einführung von Energiesparlampen wie Leuchtdioden (LED) und Kompaktleuchtstofflampen (CFL) sowie der schrittweisen Abschaffung ineffizienter Lampen (Glühbirnen),
> Förderung der Umstellung auf moderne Energiedienstleistungen und energieeffizientere Haushaltsgeräte durch Energieeffizienzprogramme der Versorgungsunternehmen, wie z. B. die Techniken des Demand Side Management (DSM), und
> Aufmerksame Verfolgung des technologischen Wandels bei Haushaltsgeräten, um die Vorteile neuer energieeffizienter und erneuerbarer Energietechnologien zu nutzen (z. B. Solar-Wassererhitzer, Photovoltaik usw.) (ECN, 2013).

Zu den mittelfristigen Maßnahmen gehören die Überprüfung, Verbesserung und Fortführung der kurzfristigen Strategien, die Aufnahme energieeffizienter Normen in das nationale Baugesetzbuch und die Schaffung eines Rahmens für die Förderung und Einführung intelligenter Zähler oder "Pay As You Consume"-Zähler (PAYC) in allen Haushalten bis 2025, während die langfristigen Maßnahmen die Überprüfung, Verbesserung und Fortführung der mittelfristigen Strategien und die Verwirklichung des allgemeinen Zugangs zu sicheren, sauberen, erschwinglichen, effizienten und nachhaltigen Kochherden bzw. die Umstellung auf Flüssiggas in allen Haushalten bis 2030 umfassen (ECN, 2013).

4.2 Das CFL-Projekt der Regierung von ECN-ECOWAS-KUBAN

Die Wirtschaftsgemeinschaft Westafrikanischer Staaten (ECOWAS) und das Ministerium für Grundstoffindustrie (MINBAS) der Republik Kuba begannen 2008 in Zusammenarbeit mit der Energiekommission Nigerias (ECN) mit der Umsetzung des Energieeffizienzprogramms zum Austausch von Glühbirnen durch Kompaktleuchtstofflampen (CFLs).

Die wichtigsten Programmziele waren (und sind):

> Untersuchung der Auswirkungen des Ersatzes von Glühbirnen durch CFL auf das nationale Stromnetz und die Stromrechnungen der Verbraucher,
> Das Marktpotenzial für CFL, die zunehmende Akzeptanz der CFL bei den Verbrauchern und
> Aufbau von Kapazitäten für die Einführung energieeffizienter Geräte im Wohnungssektor (ECN, 2010).

Weitere Ziele des Programms sind:

> Sensibilisierung für die Vorteile, die Leistung und die Möglichkeiten von CFLs im Vergleich zu Glühlampen;
> Förderung der Endenergieeffizienz und -einsparung;
> Bestimmung der Merkmale der Haushaltsbeleuchtung in Nigeria;
> Ermittlung der ungefähren Möglichkeiten zur Nachrüstung von CFLs in Nigeria;
> Start eines Pilotprojekts, das die Vorteile des Ersatzes von Glühlampen durch CFL für die Wirtschaft des Landes aufzeigt,

> Ermittlung der Bereitschaft und Fähigkeit der Stromverbraucher zum Kauf von CFL und
> Einführung einer gut strukturierten, kostengünstigen Methode für den Vertrieb von CFLs in Nigeria (ECN, 2010).

4.2.1 An der Programmdurchführung beteiligte Akteure

An der Umsetzung des nationalen Energieeffizienzprogramms ist ein breites Spektrum gesellschaftlicher Akteure beteiligt. Diese sind die Energiekommission von Nigeria, die ECOWAS-Kommission und die kubanische Botschaft in Nigeria, die als Lenkungsausschuss für das Projekt dienen, während der technische Ausschuss aus Mitgliedern des Lenkungsausschusses, der Power Holding Company of Nigeria (PHCN), dem Verbraucherschutzrat (CPC), der Nigerian Electricity Regulatory Commission (NERC), der Rural Electrification Agency (REA), Osram Nigeria Limited und ECOBANK Nigeria Limited besteht. Das Programmdurchführungsteam bestand aus technischen Mitarbeitern des ECN.

4.2.2 Ergebnisse der Programmdurchführung

Das Programm umfasste auch eine Haus-zu-Haus-Erhebung, die 29 Siedlungen in Abuja umfasste. Sie wurden vom Programmdurchführungsteam in Angriff genommen. Insgesamt wurden 24.057 Häuser befragt, und die Ergebnisse zeigen, dass 55 % der Beleuchtung mit Glühbirnen, 18 % mit Leuchtstoffröhren und 27 % mit anderen Arten von Beleuchtungskörpern betrieben wurden (ECN, 2010).

Der kostenlose Austausch von Glühlampen durch CFL begann am 23.rd Mai 2009 in Abuja und wurde später auf andere Teile des Landes wie akademische Einrichtungen, Forschungszentren und verschiedene Landeshauptstädte ausgeweitet (ECN, 2010). Die Überwachung und Evaluierung des Projekts begann nach drei Monaten der Austauschaktion. Dies geschah, um die durch den Austausch eingesparte Energiemenge, die Leistung der CFL und die Akzeptanz des Projekts in der Öffentlichkeit zu bewerten. Die Bewohner, die den Prepaid-Zähler nutzen, bezeugten, dass sie nach der Umsetzung der Politik (Anreiz) weniger für Strom zahlen mussten. In den Katampe-Siedlungen 1 und 2, in denen zentrale Zähler installiert wurden, sank der Bedarf von 143.928 KWh/Monat auf 102.224 KWh/Monat. Dies bedeutet eine durchschnittliche monatliche Einsparung von 41.704 KWh oder 29 % des Gesamtverbrauchs (ECN, 2010). Die Ergebnisse der Bewertung einiger Siedlungen sind in Tabelle 4.1 dargestellt.

	Durchschnittlicher monatlicher Stromverbrauch (kWh/Monat)								
Nachlass	Vor Ersatz		Durchschnitt	Nach der Ersetzung			Durchschnitt	Erzielte durchschnittliche Einsparungen	% der durchschnittlichen Einsparungen
	April	Mai		Juni	Juli	August			
Katampe 1 & 2	144,360	143,496	143,928	103,704	103,104	99,864	102,224	41,704	29%
CBN 1	230,010	251,863	240,937	0	206,213	199,686	202,950	37,987	16%
CBN 2	125,952	125,952	125,952	0	122,624	92,885	107,755	18,197	14%

CBN Utako	108,207	115,500	111,854	0	90,145	90,145	90,145	21,709	19%

Tabelle 4.1: Durchschnittliche monatliche Rechnungen in einigen Siedlungen vor und nach der Ersetzung (Quelle: ECN, 2010)

Theoretisch sind die folgenden Auswirkungen zu erwarten, wenn eine Million Glühlampen durch die gleiche Menge an CFLs ersetzt werden. In einem typischen Wohngebiet in Nigeria gibt es eine Mischung aus 100-, 60-, 40- und 20-Watt-Glühlampen (ECN, 2010). Ausgehend von den Ergebnissen der 26 untersuchten Siedlungen wird die Zusammensetzung der Wattzahl der Glühlampen im Wohnbereich in Nigeria wie folgt angenommen: 80% sind 60W, 10% sind 40W und jeweils 5% sind 100W und 20W (ECN, 2010). Die äquivalenten CFLs, die als Ersatz für 100, 60, 40 und 20 Watt Glühlampen verwendet werden, haben eine Leistung von 18, 14, 8 und 5 Watt.

Für die Berechnung der Leistung und Energie vor und nach dem Austausch wurde aufgrund der derzeit häufigen Stromausfälle in Nigeria (ECN, 2010) ein Nutzungsfaktor von 33 % angenommen.

Gesamtzahl der 60-Watt-Glühbirnen (80% von 1.000.000) = 800.000

Strombedarf von 60W-Glühbirnen = 800.000 x 60W x 0,33 = 15,84MW

Das Ersetzen der Glühlampen durch 800.000 CFL mit je 14 W wird zu folgenden Ergebnissen

führen:

Strombedarf von 14W CFL-Glühbirnen = 800.000 x 14W x 0,33 = 3,696MW.

Die Differenz in der Stromnachfrage = (15,84 - 3,696) MW = 12,144MW.

Für die Berechnung des durchschnittlichen monatlichen Verbrauchs wurden 30 Tage und 7,2 Stunden Nutzung angenommen.

Durchschnittlicher monatlicher Stromverbrauch vor dem Austausch = 15,84MW x 7,2h x 30 = 3421,44MWh

Außerdem ist der durchschnittliche monatliche Stromverbrauch nach dem Austausch = 3,696MW x 7,2h x 30 = 798,36MWh

Daher ist die durchschnittliche monatliche Stromeinsparung = (3421,44 - 798,36) MWh = 2623,104MWh/Monat.

Die gleiche Berechnung wird für andere Wattstärken durchgeführt - 100 W gegenüber 18 W, 40 W gegenüber 8 W und 20 W gegenüber 5 W. Die Ergebnisse sind in Tabelle 4.2 dargestellt.

Inka Abstieg (W)	CFLs (W)	Menge Das wird sich ändern	Utili zation Faktor	Stunden der Nutzung	Nachfrage Vorher (kW)	Nachfrage Nach (kW)	Verbrauch B4 (kWh/M)	Verbrauch nach (kWh/M)	Eingespart e Energie (kWh/M)
60	14	800,000	0.33	7.2	15840	3696	3421440	798336	2623104
40	8	100,000	0.33	7.2	1320	1056	285120	57024	228096
100	18	50,000	0.33	7.2	1650	297	356400	64152	292248

20	5	50,000	0.33	7.2	330	82.6	71280	17841.6	53438.4
Insgesamt		1,000,000			19140	4339.5	4134240	937353.6	3196886.4

Tabelle 4.2: Energieeinsparungen durch 1,0 Millionen CFLs (Quelle: ECN, 2010)

4.2.3 Kosteneinsparungen

Durch die Änderung eingesparte Energie (kWh/Monat) = 3.196.886,4 kWh/Monat
Es wurde ein Stromtarif von N6/kWh im Haushaltssektor zugrunde gelegt.
Eingesparter Geldbetrag/Monat = 3.196.886,4kWh x N6/kWh = N19, 181.318,4
Kraftstoffeinsparungen

Durch die Änderung eingesparte Energie (KWh/Monat).	3,196,886.4	KWh
Wert KWh (Naira)	6	N/KWh
Monatlich gespartes Geld	19,181,318.4	Naira
Wert der CFL-Glühbirnen	1,498,119	USD
Schlüsselparameter für Kraftstoffeinsparungen		
1 USD =	150	Naira
1 Tonne Rohölbrennstoff =	7.5	Trommel
Preis für ein Barrel Benzin =	80	USD / Fass
Kosten des eingesparten Kraftstoffs = CC* IC* KWh		
Wobei: CC = Kosten pro Tonne Benzin	600	USD / Tonne

CC = Kosten pro Tonne Benzin	90,000	Naira / Tonne
IC = Index des Brennstoffverbrauchs von Kraftwerken	285	g / KWh
KWh = Durch die Änderung eingesparte Energie (KWh) pro Monat	3,200,861	KWh
Eingespartes Geld x Eingesparte Energie	84,770,395	Naira / Monat
	718,393.2	USD / Monat
Erholungszeit für Investitionen	2.81	Monate

Tabelle 4.3: Schlüsselparameter für Kraftstoffeinsparungen durch das Projekt (Quelle: ECN, 2010)

Aus Tabelle 4.3,

1 USD = N150

Preis für ein Barrel Rohöl = 80 USD/Barrel und 1 Tonne Rohöl = 7,5 Barrel.

Deshalb,

Kosten für ein Barrel Rohöl (CC) = 150 x 7,5 x 80 = 90.000 N/Tonne Rohöl

Angenommener Brennstoffverbrauchsindex von Kraftwerken (IC) = 285g/kWh

Da 1.000kg = 1 Tonne, dann 1.000.000g = 1 Tonne

$$Monthly\ Fuel\ Saved\ (ton) = \frac{Monthly\ energy\ saved \times IC}{1,000,000}$$

$$= \frac{3.196.886.4\ kWh \times 285g\ /kWh}{1.000.000}$$

$$= 911.1\ ton/month$$

Aber, Kosten des monatlich eingesparten Kraftstoffs = CC x IC x monatlich eingesparte Energie (kWh)

Wobei CC = 90.000 N/Tonne Benzin

Dann sind die Kosten für den eingesparten Kraftstoff = 90.000 N/Tonne Benzin x 991,1 Tonnen/Monat = 81.999.000,00 N

1.1.4 Kostendeckungszeitraum

Die geschätzten Ausgaben für das Programm sind in Tabelle 4.4 dargestellt

S/N	Artikel	Kosten	
		US$	Naira (N)
1.	Kosten für 1 Million CFLs	1,498,119	224,717,850.00
2.	Spot-Erhebungen		3,000,000.00

3.	Versand und Versicherung		10,560,589.50
4.	Räumung und Transport		12,500,000.00
5.	Öffentlichkeitsarbeit / Sensibilisierung		2,500,000.00
6.	Vertrieb/Installationen		5,000,000.00
7.	Ausgaben für kubanische Experten	150,000.00	22,500,000.00
8.	Überwachung und Bewertung		3,000,000.00
	Ausgaben insgesamt		283,778,440.00

Tabelle 4.4: Geschätzte Ausgaben für das Projekt 1 Million CFLs (Quelle: ECN, 2010)

$$\text{Kostendeckung} = \frac{Total\ Expenditure}{Total\ Savings}$$

Wobei, Gesamtausgaben = 283.778.440,00

Geschätzte Ersparnis/Monat = Höhe der monatlichen Ersparnis plus Kosten für den monatlich eingesparten Kraftstoff.

Monatliche Gesamtersparnis = N19, 181.318,4 + N81, 999.000,00 = N101, 180.318,4

$$= \frac{N283,778,440}{N101,180,318.4} = 2.81\ Months$$

Daher ist der Kostendeckungszeitraum

Wenn der Ersatz von 1 Million Glühbirnen durch CFLs zu monatlichen Einsparungen von bis zu 19.181.318,4 N führen könnte, dann würde der Ersatz von 240 Millionen Glühbirnen in Nigeria (UNDP, 2012) durch effiziente Lampen wie LED und CFLs theoretisch die Nachfrage drastisch reduzieren und sich auf die Wirtschaft des Landes in Bezug auf den Prozentsatz der eingesparten Energie in Naira auswirken.

4.3 UNDP-GEF-Energieeffizienzprogramm

Die Globale Umweltfazilität (GEF) hat im Rahmen des strategischen GEF-4-Programms 1 - "Förderung der Energieeffizienz in Wohn- und Geschäftsgebäuden" einen Gesamtzuschuss von 3 Mio. USD für Nigeria zur Umsetzung des Programms "Förderung der Energieeffizienz in Wohngebäuden und im öffentlichen Sektor in Nigeria" genehmigt. Das Projekt wird vom Länderbüro Nigeria des Entwicklungsprogramms der Vereinten Nationen (UNDP) in Zusammenarbeit mit dem Bundesumweltministerium (FME), der Energiekommission Nigerias (ECN) und dem Nationalen Zentrum für Energieeffizienz und -einsparung (NCEEC) durchgeführt (UNDP, 2013).

Das Hauptziel des GEF-Energieeffizienzprojekts ist die Verbesserung der Energieeffizienz einer Reihe von elektrischen Endverbrauchsgeräten (Kühlschränke, Klimaanlagen, Beleuchtung, Heizung usw.), die in privaten und öffentlichen Gebäuden in Nigeria verwendet werden, durch die Einführung geeigneter Energieeffizienzmaßnahmen wie MEPS, Normen und Kennzeichnungen sowie Programme zur Nachfragesteuerung. Weitere Ziele des Projekts sind die Stärkung des regulatorischen und institutionellen Rahmens, die Entwicklung von Überwachungs- und Durchsetzungsmechanismen, die Schulung von Fachleuten in der Anwendung von Energieeffizienzgeräten und die Sensibilisierung für die Förderung der Energieeffizienz in Nigeria. Zu diesem Zweck wurde eine Reihe von Workshops für verschiedene Teilnehmerkategorien organisiert, darunter die Medien, Mitarbeiter der Nationalen Orientierungsbehörde, akademische Institute und Vertreter der Hotelbesitzervereinigung. Die Studie zur Messung des Endverbrauchs wurde in allen sechs geopolitischen Zonen Nigerias durchgeführt, um Ausgangsdaten zu sammeln, die bei der Aufstellung von MEPS für Beleuchtung, Klimaanlagen und Kühlschränke hilfreich sind.

Ziel der Messstudie war die Überwachung des Stromverbrauchs von 230 Haushalten für Beleuchtung, Kühlschränke und Klimaanlagen. 210 Haushalte wurden einen Monat lang täglich überwacht. Die elektrischen Geräte wurden in einem Zeitabstand von 10 Minuten überwacht, und es wurden sechs

Sitzungen mit 35 Haushalten in den sechs verschiedenen geopolitischen Zonen Nigerias durchgeführt. Die verbleibenden 20 Haushalte werden derzeit ein Jahr lang überwacht, um saisonale Schwankungen im Verbrauch der Geräte festzustellen. Die an dieser Studie beteiligten operativen Partner sind UNDP, GEF, ENERTECH, ECN und NCEEC.

Die folgenden statistischen Daten wurden erhoben:

   1. Verteilung des Stromzugangs und der Stromausfälle für Haushalte

Die Stromversorgung in Nigeria ist nicht stabil. Diese instabile Stromversorgung variiert von Land zu Land. Das für die Messstudie verwendete Multivoie-System zeichnete die durchschnittliche Spannung alle zehn Minuten auf und war daher in der Lage, den Zeitraum mit oder ohne Stromversorgung zu erkennen. Wenn die Spannung größer als Null ist, weist dies auf einen Zeitraum mit Stromzugang hin, und wenn die Spannung gleich Null ist, weist dies auf einen Zeitraum ohne Stromzufuhr hin. Abbildung 4.1 zeigt uns den Anteil des Stromzugangs und des Stromausfalls während der Messstudie. Dieses Diagramm wurde anhand der Daten von 210 Haushalten erstellt, die in allen sechs nigerianischen Städten gemessen wurden. Die Haushalte erhalten 13 Stunden pro Tag Strom, die durchschnittliche Dauer der Stromausfälle beträgt 4 Stunden pro Stromausfallzyklus und die durchschnittliche Dauer zwischen zwei Stromausfällen pro Haushalt beträgt 4,5 Stunden, was insgesamt 55 % Stromzugang und 45 % Stromausfälle bedeutet (UNDP, 2013).

STROMNETZ ■ NIGERIA
Verteilung des Stromzugangs und der Stromausfälle für Haushalte

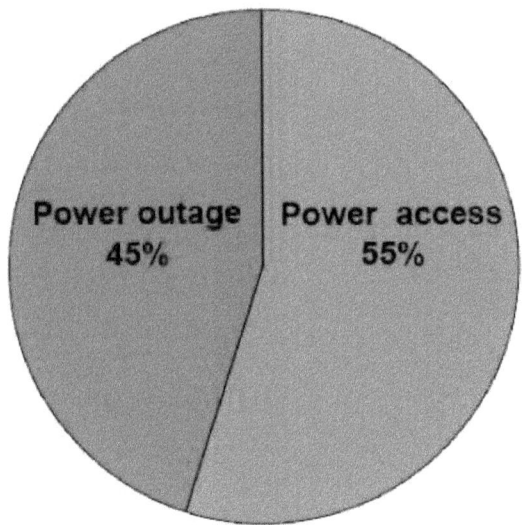

Abbildung 4.1: Verteilung des Stromzugangs und der Stromausfälle für Haushalte in Nigeria (Quelle: UNDP, 2013).

Die Verteilung des Stromzugangs und der Stromausfälle für jede Stadt in den sechs geopolitischen Gebieten Nigerias ist in Abbildung 4.2 dargestellt.

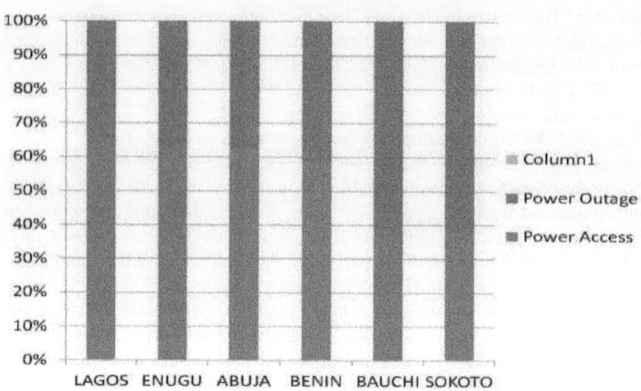

Abbildung 4.2: Verteilung von Stromzugang und Stromausfällen in den sechs geopolitischen Zonen (Quelle: UNDP, 2013)

Die Zusammenfassung des Ergebnisses des Stromzugangs und des Stromausfalls ist in Tabelle 4.5 dargestellt

		NIGERIA	Abu ¡a	Sokoto	Benin	Bauchi	Lagos	Enugu
Teil des Stromzugangs		55%	63%	39%	59%	39%	66%	64%
Durchschnittliche Spannung während des Netzzugangs	Durchschnitt	204V	206V	203V	172V	203V	212V	202V
	Minimum	172V	178V	172 V	162V	186V	183V	174 V
	Maximum	242V	225V	230V	242V	240V	228V	226V
Anzahl der Stunden, die die Haushalte pro Tag mit Strom versorgt werden	Durchschnitt	13h/Tag	15h/Tag	9,5h/Tag	14h/Tag	9,5h/Tag	16h/Tag	15h/Tag
	Minimum	2,5h/Tag	5,5h/Tag	2,5h/Tag	9,5h/Tag	3,5h/Tag	9h/Tag	9h/Tag
	Maximum	24h/Tag	21h/Tag	16h/Tag	23h/Tag	14h/Tag	24h/Tag	21h/Tag

	Durchschnitt	4h	3h	5h	4h	5h	4h	3h
Durchschnittliche Dauer des Stromausfalls	Minimum	0h	1h	2h	1h	2h	0h	1h
	Maximum	15h	7h	10h	9h	12h	15h	8h
	Durchschnitt	4,5h	5h	3h	6h	3h	6h	5h
Durchschnittliche Dauer des Stromzugangs zwischen zwei Stromausfällen	Minimum	2h	2h	2h	2h	2h	3h	3h
	Maximum	13h	13h	5h	11h	5h	12h	8h

Tabelle 4.5: Zusammenfassung der verschiedenen Ergebnisse zum Stromzugang (Quelle: UNDP, 2013)

2. Verbreitung von Kühlgeräten in Nigeria

Die Verbräuche der Kühlgeräte wurden mit seriellen Wattmetern überwacht. Auch die verschiedenen Kategorien der Kühlgeräte wurden von den Technikern erfasst. Abbildung 4.3 zeigt die durchschnittliche Anzahl von Kühlgeräten pro Haushalt in Nigeria.

Durchschnittliche Anzahl von Kühlgeräten pro Haushalt

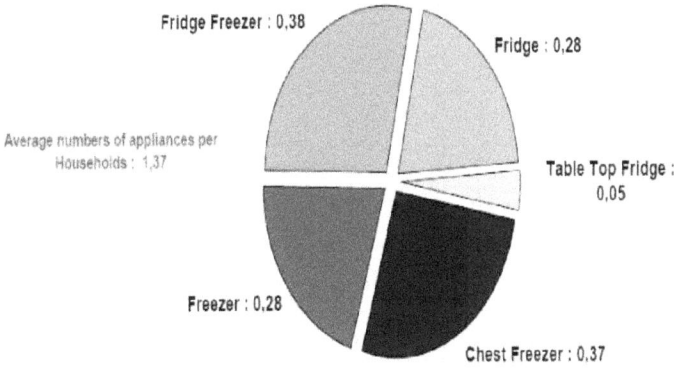

Abbildung 4.3: Durchschnittliche Anzahl von Kühlgeräten pro Haushalt in Nigeria (Quelle: UNDP, 2013)

3. Stromverbrauch

		NIGERIA	Abuja	Sokoto	Benin	Bauchi	Lagos	Enugu
Annualisiert Verbrauch	Durchschnitt	3710kWh/Jahr	5175kWh/Jahr	3000kWh.'y	3090kWh/Jahr	2124kWh/Jahr	5544kWh.'y	3330kWh/Jahr
	Minimum	243kWh/Jahr	754 5kWh/Jahr?	243kWh/Jahr	878kWtVy	492kWh/Jahr	1076kWh/Jahr	521kWh/Jahr
	Maximum	24098kWhf y	13089kWh/Jahr	8367kWh/Jahr	7016kWh/Jahr	5241kWh/Jahr	24098kWh/Jahr	8558kWh/Jahr
Durchschnittlicher täglicher Strombedarf während des Stromzugangs		790W	1065W	856W	59BW	752W	889W	583W
Durchschnittlicher Lastabruf während des gesamten Zeitraums		414W	505W	335W	243W	353W	606W	350W
Relativer Beitrag der verschiedenen Lasten zum Gesamtverbrauch	AC	17%	25%	19%	10%	8%	12%	24%
	Kühlgeräte	21%	21%	21%	29%	20%	20%	18%
	Audiovisuelle Medien	3%	0%	0%	0%	5%	4%	4%
	Computer	0%	0%	0%	0%	0%	0%	0%
	Kochen	0%	0%	0%	1%	0%	1%	0%
	Licht	11%	11%	17%	12%	13%	8%	10%
	Unbekannt	47%	42%	42%	42%	54%	55%	44%

Tabelle 4.6: Zusammenfassende Tabelle mit dem Hauptverbrauch und dem Beitrag der verschiedenen Lasten (Quelle: UNDP, 2013)

Der jährliche Verbrauch von Klimaanlagen reicht von 0 kWh/Jahr bis 3.400 kWh/Jahr mit einem

Durchschnittswert von 828 kWh/Jahr. Die einzigen verfügbaren Daten, die zum Vergleich herangezogen werden können, stammen aus der Überwachungskampagne in Französisch-Guayana vom Juni 1998 mit einem Durchschnittswert von 2.314 kWh/Jahr[1] (UNDP, 2013).
Tabelle 4.7 zeigt den jährlichen Verbrauch aller Kühlgeräte und den Verbrauch der verschiedenen Kategorien von Kühlgeräten

	AllCold Geräte	Kühlschränke	Gefriertruhen	Kühlschrank Gefriertruhen	Brustkorb Gefrierschrank
DurchschnittlichesJahr Verbrauch kWh/Jahr	524	425	635	496	572
Funktionierende Rate WährendPower Zugang	78%	73%	78%	82%	79%

Tabelle 4.7: Zusammenfassung des Verbrauchs von Kühlgeräten (Quelle: UNDP, 2013)
In Abbildung 4.4 wird der Verbrauch der verschiedenen Kategorien von Kühlgeräten mit dem anderer Länder verglichen.

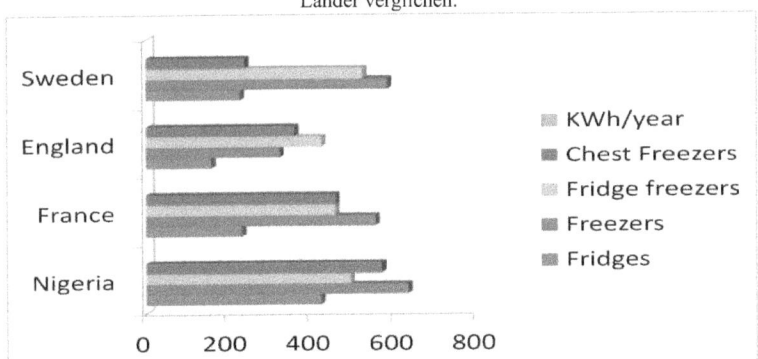

Abbildung 4.4: Vergleich des Verbrauchs von Kühlgeräten in Nigeria mit anderen Ländern (Quelle: UNDP, 2013)

[1] Es sei darauf hingewiesen, dass das Stromnetz in Guayana konstant ist.

Der jährliche Beleuchtungsverbrauch pro Haushalt in Nigeria liegt zwischen 25 und 3.500 kWh/Jahr mit einem Durchschnitt von 454 kWh/Jahr, verglichen mit 354 kWh/Jahr in Frankreich und 537 kWh/Jahr in England (UNDP, 2013).
Die folgenden Schlussfolgerungen wurden aus der Studie gezogen: *"Die Stromausfallzeiten haben einen großen Einfluss auf die Funktionsweise der Geräte und somit auf den jährlichen Verbrauch, die Stromausfallzeiten verhindern eine genaue Berechnung der jährlichen Einsparungen pro Gerät, das Verhältnis zwischen den Geräten mit dem niedrigsten und dem höchsten Stromverbrauch ist immer*

größer als 10 und weist auf die Ineffizienz in Bezug auf den Energieverbrauch hin, Nigeria hat einen sehr hohen Anteil an Glühbirnen mit niedrigem Verbrauch in den Haushalten, was durch 56 % installierte CFL angezeigt wird. Es ist möglich, den Beleuchtungsverbrauch weiter zu senken, indem 41 % der Glühbirnen durch hocheffiziente Glühbirnen ersetzt werden" (UNDP, 2013).

4.4 Schlussfolgerung

Die Ergebnisse der in diesem Kapitel vorgestellten Studien und die Umsetzung der Energieeffizienzpolitik für Haushalte in Nigeria haben gezeigt, dass die Einführung energieeffizienter Elektrogeräte in Haushalten ein großes Potenzial hat, den Stromverbrauch in Nigeria zu senken und damit die Notwendigkeit des Baus weiterer Kraftwerke zu minimieren. Außerdem hat dies den Vorteil, dass ein großer Teil der Kohlendioxidemissionen reduziert wird.

Kapitel 5

5: Ergebnisse und Erörterungen

     5.1 Ergebnisse

Der für die Befragung verwendete Fragebogen und die zehn Antworten aus den halbstrukturierten Interviews sind in den Anhängen A und B enthalten.

     5.1.2 Ergebnisse pro Frage

Q1.

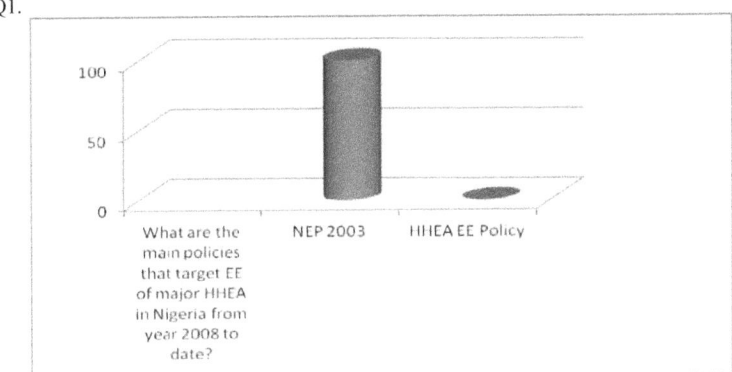

Abbildung 5.1 Wichtigste politische Maßnahmen zur Förderung der EE von HHEA in Nigeria

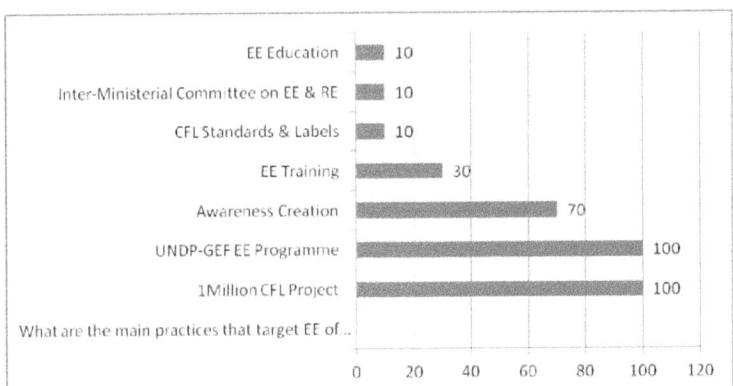

Abbildung 5.2 Wichtigste Praktiken, die auf die EE der HHEA in Nigeria abzielen

Q2.

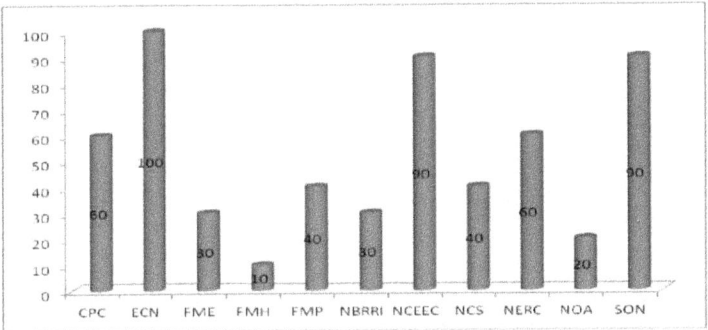

Abbildung 5.3 Regierungsstellen, die sich mit der EE von HHEA in Nigeria befassen

Q3

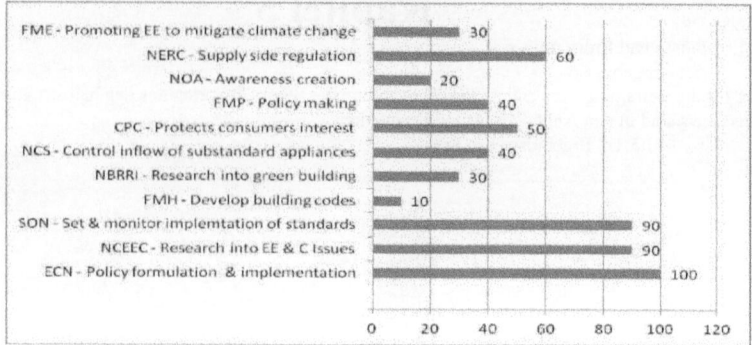

Abbildung 5.4 Wie staatliche Stellen an der EE der HHEA in Nigeria beteiligt sind

Q4

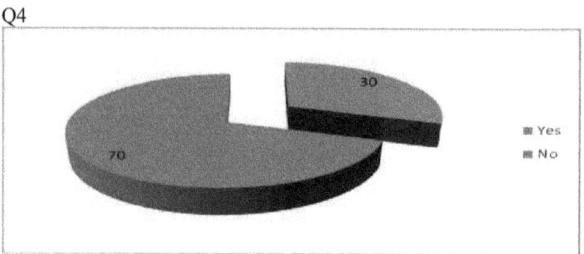

Abbildung 5.5 Gibt es wichtige fehlende Agenturen?

Q5

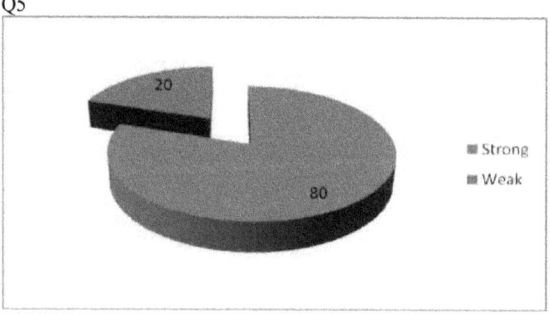

Abbildung 5.6 Grad der Zusammenarbeit zwischen den Agenturen

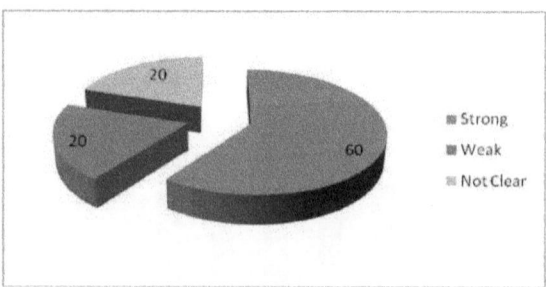

Abbildung 5.7 Grad des Vertrauens zwischen den Agenturen

Q6

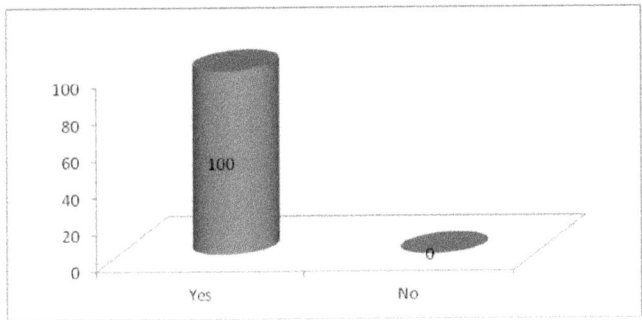

Abbildung 5.8 Gibt es einen starken Einfluss bestimmter Agenturen?

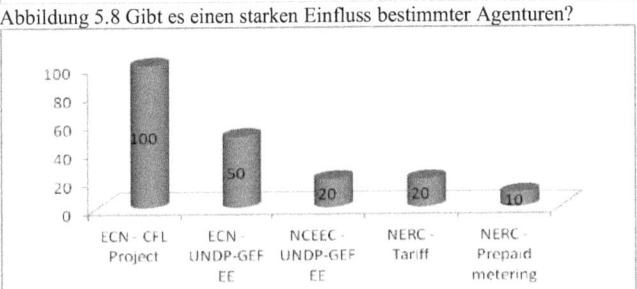

Abbildung 5.9 Erläuterung der Auswirkungen von Agenturen
Q7
Die Antworten auf die Fragen 2 und 3 waren alle gleich

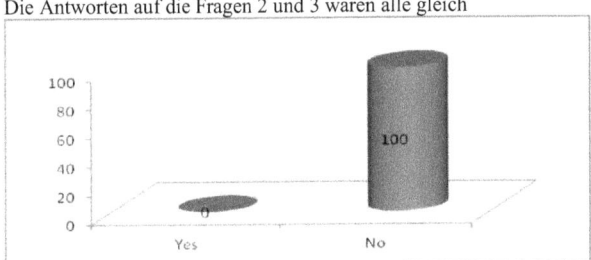

Q8
Abbildung 5.10 Gibt es Interessengruppen, die von der Umsetzung der Politik ausgeschlossen sind?
Q9

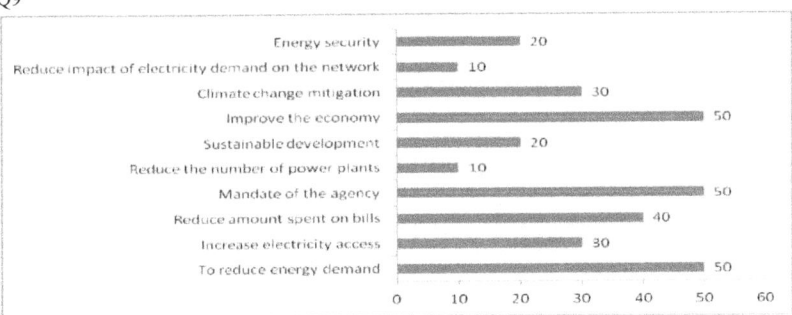

Abbildung 5.11 Motivation der einzelnen Behörden bei der Behandlung von EE der HHEA in Nigeria

Q10

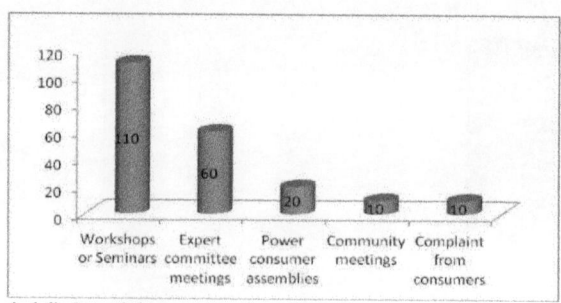

Abbildung 5.12 Wie sind die Interaktionen mit anderen Beteiligten organisiert?

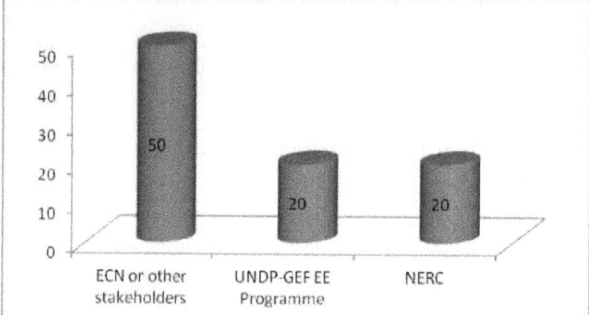

Abbildung 5.13 Ursprung der Interaktionen mit anderen Akteuren
Q11

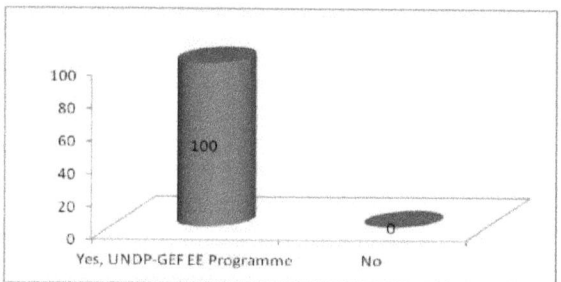

Abbildung 5.14 Gibt es einen starken Einfluss eines Akteurs oder einer Akteurskoalition?
Q12

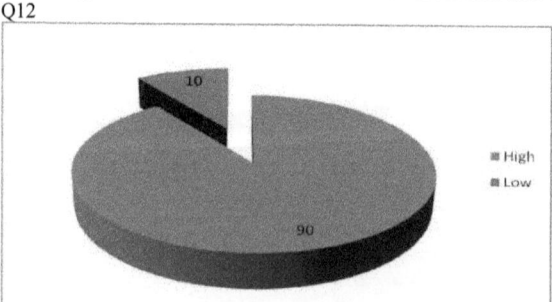

Abbildung 5.15 Das Ausmaß, in dem die verschiedenen Problemperspektiven angegangen werden
Q13

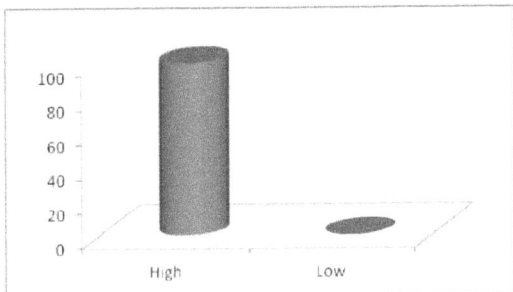

Abbildung 5.16 Das Ausmaß, in dem die verschiedenen Ziele der einzelnen Durchführungsstellen übereinstimmten
Q14

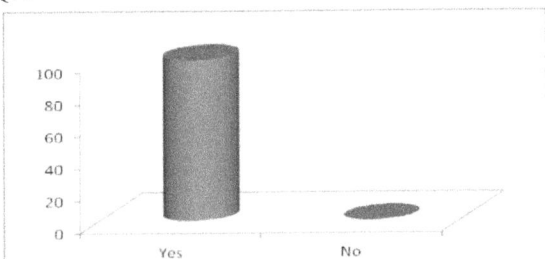

Abbildung 5.17 Unterscheiden sich die ehrgeizigen politischen Ziele vom Status quo / Business as usual?
Q15

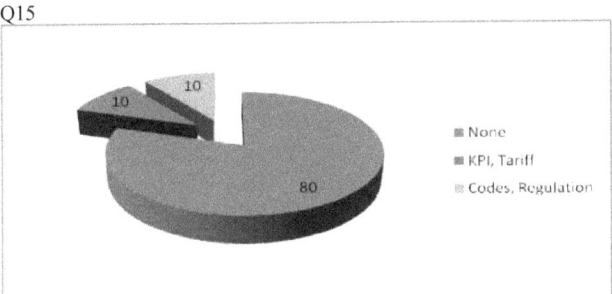

Abbildung 5.18 Arten von politischen Instrumenten, die in der politischen Strategie enthalten sind
Q16

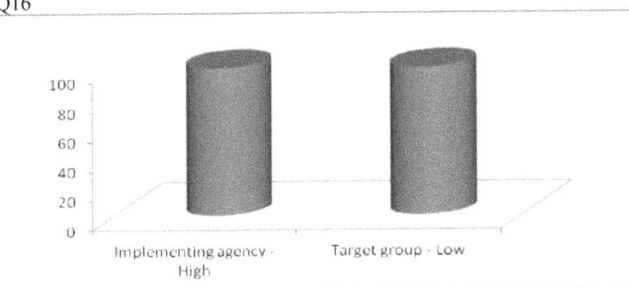

Abbildung 5.19 Informationsstand der Durchführungsstelle und der Zielgruppe über die Instrumente und ihren Zweck bzw. ihre Zwecke
Q17

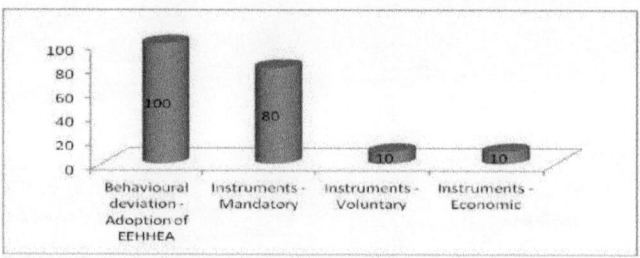

Abbildung 5.20 Vermutete Verhaltensabweichung der Zielgruppe von den derzeitigen Praktiken und die Stärke der zu ihrer Durchsetzung erforderlichen Instrumente
Q18

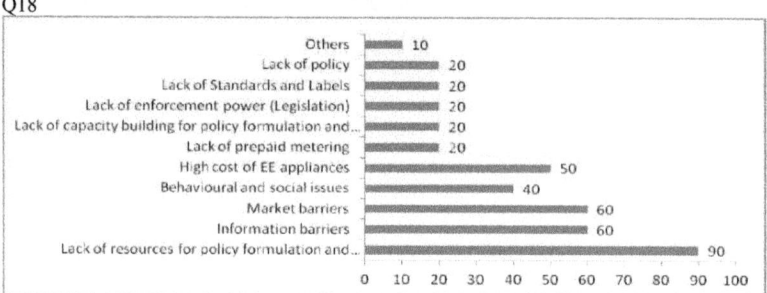

Abbildung 5.21 Herausforderungen bei der Umsetzung der EE-Politik für die wichtigsten HHEA in Nigeria
Q19

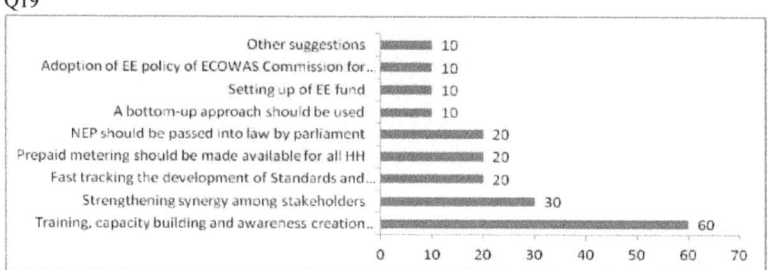

Abbildung 5.22 Empfehlungen für eine wirksame Politikformulierung und -umsetzung.

5.2 Diskussionen

5.2.1 Energieeffizienzpolitik und -praktiken in Nigeria

Die nigerianische nationale Energiepolitik (ECN, 2003) enthält eine allgemeine Erklärung, die die Förderung der Energieeinsparung bei der Nutzung der natürlichen Ressourcen des Landes sowie die Förderung und Einführung energieeffizienter Methoden bei der Energienutzung unterstützt. Das politische Dokument zielt jedoch nicht speziell auf elektrische Haushaltsgeräte ab. Das Ergebnis der Befragung aus Abbildung 5.1 zeigt, dass alle befragten Experten zu dem Schluss kamen, dass es in Nigeria keine Politik zur Energieeffizienz von elektrischen Haushaltsgeräten gibt. Der NEP (ECN, 2003) wird jedoch derzeit überarbeitet, und es wurden politische Vorschläge entwickelt.

Diese Bemühungen sind jedoch noch nicht abgeschlossen, da es sich nicht um ein offizielles politisches Dokument Nigerias handelt.

Den Experten zufolge sind die wichtigsten Maßnahmen, die seit 2008 auf die Energieeffizienz von Elektrohaushaltsgeräten abzielen, Teil des allgemeinen Sensibilisierungsprogramms des ECN, das zu 70 % angenommen wurde, während das 1-Million-CFL-Projekt und das laufende UNDP-GEF-Energieeffizienzprogramm zu 100 % angenommen wurden. Es gibt kein konkretes nationales Programm, das ausschließlich von einer Regierungsbehörde in Nigeria vorangetrieben wird, was als Mangel an politischer oder administrativer Prioritätensetzung angesehen werden kann. Das 1-Million-CFL-Projekt und das UNDP-GEF-Energieeffizienzprogramm wurden hauptsächlich von außerhalb Nigerias angeregt und finanziert.

5.2.2 Multi-Agentur-Governance

In Nigeria gibt es nicht nur eine Regierungsbehörde, die sich mit der Energieeffizienz von Elektrogroßgeräten befasst, sondern viele Regierungsbehörden auf nationaler Ebene. Die wichtigsten Behörden, die sich mit der Energieeffizienz von elektrischen Haushaltsgroßgeräten in Nigeria befassen, sind ECN, NCEEC und SON. Nach den Antworten der Experten in Abbildung 5.3 sind sich alle Experten einig, dass das ECN beteiligt ist und sich mit der Energieeffizienz von Haushaltsgroßgeräten in Nigeria befasst. 90 % der Befragten gaben an, dass NCEEC und SON beteiligt sind, während 60 % der Befragten angaben, dass CPC und NERC beteiligt sind. Andere Regierungsbehörden sind FMP und NCS 40%, FME und NBRRI 30%, NOA 20% und 10% für FMH. Aus Abbildung 5.5 geht hervor, dass 70 % der Befragten angaben, dass es keine fehlende Stelle gibt, während 30 % der Befragten zustimmten, dass es fehlende Regierungsstellen gibt, die nicht an der Steuerung der Energieeffizienz von elektrischen Haushaltsgroßgeräten in Nigeria beteiligt sind. Wenn Nigeria ein groß angelegtes, konkretes Energieeffizienzprogramm in Angriff nehmen würde, gäbe es laut UNEP-Bericht 2012 etwa 240 Millionen Glühlampen in Nigeria. Der Austausch dieser riesigen Anzahl von Lampen durch effiziente Lampen wird zu einer großen Menge an Elektroschrott führen, daher ist die National Environmental Standards and Regulatory Enforcement Agency (NESREA), die für die Verwaltung dieses Abfalls zuständig ist, nicht an der Energieeffizienz von elektrischen Haushaltsgroßgeräten in Nigeria beteiligt. Auch das Nigeria Building and Road Research Institute (NBRRI), das für die Entwicklung umweltfreundlicher Gebäude zuständig ist, ist laut einem der Experten nicht an der Energieeffizienz von elektrischen Haushaltsgroßgeräten beteiligt.

Die verschiedenen Regierungsbehörden, die sich mit der Energieeffizienz von Elektrohaushaltsgeräten in Nigeria befassen, arbeiten seit langem zusammen, was durch Workshops und Expertenausschusssitzungen institutionalisiert wurde. 80 % der Befragten gaben an, dass die Zusammenarbeit zwischen den Regierungsstellen sehr stark ist, während 20 % sagten, sie sei schwach (Abbildung 5.6). Ebenfalls 60 % der Experten gaben an, dass das Vertrauen zwischen den Behörden sehr stark ist, 20 % sagten, dass es schwach ist, während 20 % sagten, dass die Frage des Vertrauens unklar ist (Abbildung 5.7). Diejenigen Experten, die das Vertrauen als schwach bezeichneten, argumentierten, dass es zu Doppelarbeit kommt, und als Beispiel wurde die Doppelarbeit von NEP und REMP durch FMP und FME ohne Rücksprache mit dem ECN angeführt; einer der Experten sagte jedoch, das Problem sei nicht der Mangel an Vertrauen, sondern die fehlende politische Ausrichtung der nigerianischen Regierung, die zur Verschwendung nationaler Ressourcen führe.

Das Ergebnis der Antworten aus Abbildung 5.8 und 5.9 zeigt, dass das ECN durch seine Zusammenarbeit mit der ECOWAS-Kommission, der kubanischen Regierung und dem UNDP-GEF-Energieeffizienzprogramm einen starken Einfluss auf das Verhalten der Nigerianer in Bezug auf effiziente Beleuchtung ausgeübt hat. Dies wird durch den Grad der Verbreitung von CFL in Nigeria belegt: Dieser liegt bei 56 % (UNDP, 2013).

5.2.3 Multi-Actor-Governance

Das Ergebnis der Antworten auf Frage 7 zeigt, dass die an der Steuerung der Energieeffizienz von Elektrohaushaltsgeräten in Nigeria beteiligten Akteure die Regierungsbehörden sind, die sich mit Energieeffizienz in Nigeria befassen. Alle Experten waren sich einig, dass kein Akteur fehlt (Abbildung 5.10), aber die Zielgruppen wie Hersteller, Importeure, Einzelhändler und Haushaltsverbände sowie die Haushalte selbst sind nicht an der Steuerung beteiligt.

Die Interaktionen zwischen den Interessengruppen sind herzlich, aber es besteht die Notwendigkeit, sie zu verstärken, um die Energieeffizienz von Elektrohaushaltsgeräten in Nigeria effektiver zu gestalten, da 30 % der Experten dies für eine effektive Politikformulierung und -umsetzung empfehlen (Abbildung 5.22). Die Interaktionen werden normalerweise in Form von Workshops oder Seminaren und Expertenausschusssitzungen organisiert, die von 110 % bzw. 60 % der Befragten genutzt wurden (Abbildung 5.12), um wichtige Fragen zu klären. Dies ist die Art und Weise, wie Regierungsbehörden in Nigeria kooperieren und zusammenarbeiten. Aus Abbildung 5.13 geht hervor, dass 50 % der Befragten angaben, dass das ECN oder andere Interessengruppen die Interaktionen initiieren, während das UNDP-GEF-Energieeffizienzprogramm und das NERC jeweils 20 % angaben.

Abbildung 5.14 zeigt, dass das UNDP-GEF-Energieeffizienzprogramm alle relevanten Interessengruppen, einschließlich des privaten Sektors und der Wissenschaft, zusammengebracht hat, um die Energieeffizienz von elektrischen Haushaltsgeräten in Nigeria zu verbessern.

5.2.4 Multiperspektivische Governance

Die Antworten in Abbildung 5.15 zeigen, dass 90 % der Befragten zustimmten, dass die verschiedenen Problembereiche nacheinander angegangen werden, was größtenteils im Rahmen des UNDP-GEF-Energieeffizienzprogramms geschieht. Normen und Kennzeichnungen wurden entwickelt, die CFL-Normen sind bereits in Kraft, aber die Verbreitung von Prepaid-Metering ist langsam, da nur 30 % der Verbraucher erreicht wurden. Es gibt keine Mittel, um das Problem der Anreize anzugehen, und das Haushaltseinkommen in Nigeria ist niedrig. Die National Orientation Agency (NOA) wurde mit der Aufgabe betraut, ein Bewusstsein für die Zielgruppe zu schaffen.

Die verschiedenen Ziele der einzelnen Durchführungsstellen unterstützen sich gegenseitig, da es keine Rivalität zwischen ihnen gibt und die Workshops und Expertenausschusssitzungen als Plattformen zur Neubewertung der Ziele dienen; dies wird dadurch bestätigt, dass alle Experten darin übereinstimmten, dass die verschiedenen Ziele der einzelnen Durchführungsstellen aufeinander abgestimmt sind (Abbildung 5.16). Das Ergebnis in Abbildung 5.17 zeigt, dass alle Befragten darin übereinstimmten, dass sich die politischen Ambitionen vom Status quo oder "business as usual" unterscheiden, was erklärt, warum das UNDP-GEF-Energieeffizienzprogramm einen Bottom-up-Ansatz bei der Förderung der Energieeffizienz von Elektrohaushaltsgeräten in Nigeria verfolgt

5.2.5 Multi-Instrumenten-Governance

Das Ergebnis aus Abbildung 5.18 zeigt, dass 80 % der Befragten zustimmten, dass es keine politischen Instrumente gibt, während 10 % angaben, dass NERC Key Performance Index (KPI), Tarife, Kodizes und Vorschriften einsetzt, um die Energieeffizienz auf der Angebotsseite zu verbessern. Im NEP 2003 wurde kein politisches Instrument angegeben, aber Information und Bewusstseinsbildung wurden zur allgemeinen Förderung der Energieeffizienz eingesetzt. Der kostenlose Austausch von 1 Million CFL-Lampen gegen Glühlampen wurde genutzt, um effiziente Beleuchtung in Nigeria zu fördern. Im Rahmen des UNDP-GEF-Programms zur Energieeffizienz wurde eine Studie zur Verbrauchsmessung in Angriff genommen, deren Ergebnisse zur Festlegung von Mindestnormen für die Energieeffizienz (MEPS) sowie von Normen und Kennzeichnungen für Beleuchtung, Klimaanlagen und Kühlschränke verwendet werden sollen. Der NEP 2003, der derzeit überprüft wird, hat auch eine Reihe von politischen Instrumenten vorgeschlagen, um die Energieeffizienz von elektrischen Haushaltsgeräten in Nigeria zu verbessern.

Aus Abbildung 5.20 geht hervor, dass alle Befragten darin übereinstimmten, dass die Annahme energieeffizienter elektrischer Haushaltsgeräte durch die Haushalte die implizite Verhaltensabweichung von der derzeitigen Praxis darstellt. Um dieses Ziel zu erreichen, sind 80 % der Experten der Meinung, dass Nigeria verbindliche Instrumente in Kombination mit wirtschaftlichen Instrumenten benötigt, wobei jedoch vor der Anwendung der verbindlichen Instrumente eine Beobachtungszeit eingeräumt werden sollte. 10 % sind der Meinung, dass Nigeria freiwillige Instrumente einsetzen sollte, während ebenfalls 10 % sagen, dass Nigeria wirtschaftliche Instrumente benötigt, um die Haushalte dazu zu bringen, energieeffiziente Elektrogeräte zu verwenden.

5.2.6 Multi-Ressourcen-Governance

Das Ergebnis aus Abbildung 5.4 zeigt, dass das ECN beauftragt wurde, die Politik und die strategische Planung für den Energiesektor in Nigeria in allen Bereichen, einschließlich der Energieeffizienz, zu formulieren, aber aufgrund der fehlenden politischen Ausrichtung der nigerianischen Regierung überschneiden sich die Bemühungen des ECN mit denen anderer Regierungsstellen, was zu einer Verschwendung nationaler Ressourcen führt. Die Verantwortung für die Energieeffizienz muss klar zugewiesen und mit Ressourcen für die Umsetzung ausgestattet werden, denn alle untersuchten Fälle bestätigen die Tatsache, dass es keine Mittel für die Umsetzung der Politik gibt, wie 90 % der Befragten in Abbildung 5.21 angeben.

Die den einzelnen Durchführungsstellen in Abbildung 5.4 zugewiesene Verantwortung ist die Motivation des UNDP-GEF-Energieeffizienzprogramms, alle Beteiligten zusammenzubringen, um die Energieeffizienz von Elektrohaushaltsgeräten zu verbessern.

Die Ergebnisse aus Abbildung 5.21 zeigen, dass Ressourcen wie Autorität, finanzielle Mittel, organisatorische Kapazitäten und Fachwissen nicht ausreichen, um nigerianische Haushalte zur Einführung effizienter Elektrogeräte zu bewegen.

5.2.7 Politische Herausforderungen und Empfehlungen

Als Herausforderungen bei der Umsetzung der Energieeffizienzpolitik für elektrische Haushaltsgroßgeräte in Nigeria nannten die Befragten fehlende Ressourcen für die Formulierung und Umsetzung der Politik (90 % der Befragten), Informations- und Marktbarrieren (60 % der Befragten) und hohe Kosten für energieeffiziente Geräte (50 % der Befragten) (Abbildung 5.21). Weitere Herausforderungen sind verhaltensbezogene oder soziale Fragen (40 %), fehlende politische Maßnahmen, fehlende Durchsetzungsbefugnisse, fehlender Aufbau von Kapazitäten für die Formulierung und Umsetzung politischer Maßnahmen sowie fehlende Normen und Kennzeichnungen (jeweils 20 %).

Für eine wirksame Politikformulierung und -umsetzung im Hinblick auf die Energieeffizienz von elektrischen Haushaltsgroßgeräten in Nigeria schlugen 60 % der Befragten Schulungen, den Aufbau von Kapazitäten und die Sensibilisierung aller Beteiligten vor, 30 % schlugen vor, die Synergien zwischen den Beteiligten zu verstärken, 20 % schlugen vor, alle Haushalte mit vorausbezahlten Zählern auszustatten, die Entwicklung von Normen und Kennzeichnungen zu beschleunigen und den NEP durch das nigerianische Parlament zu verabschieden, während 10 % der Befragten die Annahme der Energieeffizienzpolitik der ECOWAS-Kommission für Energieeffizienz und erneuerbare Energien, die Einrichtung eines Energieeffizienzfonds und einen Bottom-up-Ansatz bei der Formulierung und Umsetzung der Politik vorschlugen.

5.2.8 Visuelle Darstellung von Governance-Inhalten

Die visuelle Darstellung der Steuerung der Energieeffizienzpolitik für die wichtigsten Elektrohaushaltsgeräte in Nigeria ist in der in Abbildung 5.23 gezeigten Scorecard dargestellt. Die nach oben zeigenden Pfeile zeigen an, dass sich die gegenwärtige Situation positiv verändert oder in absehbarer Zukunft verändern wird, die nach unten zeigenden Pfeile zeigen an, dass sich die gegenwärtige Situation negativ verändert oder sich in absehbarer Zukunft nicht verbessern wird, während der stabile Pfeil bedeutet, dass der Status quo oder der "business as usual" bestehen bleibt und in absehbarer Zukunft keine Veränderung zu erwarten ist.

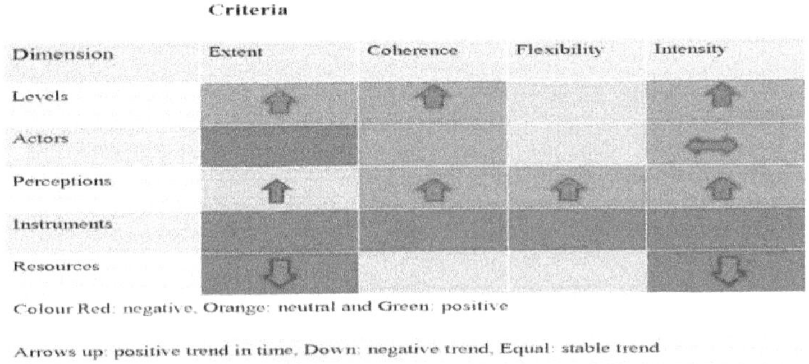

Colour Red: negative, Orange: neutral and Green: positive

Arrows up: positive trend in time, Down: negative trend, Equal: stable trend

Abbildung 5.23: Visualisierung der Governance-Inhalte der Energieeffizienzpolitik für die wichtigsten Haushaltsgeräte in Nigeria in einer Scorecard.

6: Schlussfolgerungen und Empfehlungen

Die durchgeführte Studie über die Energieeffizienzpolitik für Elektrogroßgeräte im Haushaltssektor in Nigeria konzentrierte sich auf die Governance-Strategie der Energieeffizienzpolitik und -praxis. In diesem abschließenden Kapitel werden Antworten auf die Hauptforschungsfrage und die Unterfragen gegeben. Schließlich werden Empfehlungen für die Politikgestaltung gegeben.

Schlussfolgerungen

Um die Hauptforschungsfrage zu beantworten, müssen wir uns die Antworten auf einige Unterforschungsfragen ansehen.

Forschungsfrage 1: "Wie ist die Steuerung der Energieeffizienz der wichtigsten Elektrogeräte in nigerianischen Haushalten?"

Die Antwort auf diese Frage findet sich in Kapitel fünf.

Derzeit gibt es in Nigeria keine Maßnahmen, die speziell auf die Energieeffizienz von Elektrogroßgeräten im Wohnbereich abzielen (siehe Abbildung 5.1), aber die wichtigsten Praktiken, die auf die Energieeffizienz von Elektrogroßgeräten im Haushalt abzielen, sind Teil der allgemeinen Sensibilisierungskampagne zur Förderung der Energieeffizienz, des 1-Million-CFL-Projekts und des laufenden UNDP-GEF-Energieeffizienzprogramms (siehe Abbildung 5.2). Der kostenlose Austausch von CFL-Glühbirnen gegen Glühbirnen, der nicht verpflichtend war, wurde für das CFL-Projekt genutzt (indirekte / Selbstregulierung), und das laufende UNDP-GEF-Energieeffizienzprogramm hat eine Studie zur Messung von Elektrogroßgeräten im Wohnbereich in Nigeria in Angriff genommen, mit dem Ziel, MEPS einzurichten und Standards und Labels zu entwickeln. Daraus lässt sich schließen, dass das System zur Regelung der Energieeffizienz von elektrischen Haushaltsgroßgeräten in Nigeria als indirekte Selbstregulierung bezeichnet werden kann.

Forschungsfrage 2: "Welche Politiken, Praktiken und lokalen Projekte gibt es derzeit in Nigeria in Bezug auf die Energieeffizienz von elektrischen Hauptgeräten in nigerianischen Haushalten?"

Die Antwort auf diese Frage findet sich in Kapitel vier.

Die einzige in Nigeria geltende Politik, die auf Energieeffizienz abzielt, ist im NEP 2003 festgelegt. Derzeit gibt es keine andere Politik, die auf die Energieeffizienz von elektrischen Haushaltsgroßgeräten abzielt, obwohl das NEP 2003 überarbeitet wird und elektrische Haushaltsgeräte ins Visier nimmt, das Dokument aber noch in Vorbereitung ist.

Folgende lokale Projekte sind bereits angelaufen: (1) das eine Million CFL-Projekt und (2) das laufende UNDP-GEF-Energieeffizienzprogramm. Die Ergebnisse dieser lokalen Projekte zeigen, dass die Einführung energieeffizienter Elektrogeräte in den Haushalten ein großes Potenzial zur Senkung des Stromverbrauchs in Nigeria birgt. Dazu ist es jedoch erforderlich, eine politische Strategie zu entwerfen und zu formulieren, die in Bezug auf die Umsetzung durchführbar ist und die vorgegebenen Ziele effektiv erreicht.

Forschungsfrage 3: "Wer sind die Hauptakteure, und was sind ihre Motivationen, Informationen, Ressourcen und ihre Wechselbeziehungen, wenn es um die Energieeffizienz von elektrischen Hauptgeräten in nigerianischen Haushalten geht?"

Die Antwort auf diese Frage findet sich in den Kapiteln vier und fünf.

Die wichtigsten Interessengruppen, die an der Steuerung der Energieeffizienz von Elektrogroßgeräten in Nigeria beteiligt sind, sind die Regierungsbehörden, die sich mit Energieeffizienz in Nigeria befassen. Andere wichtige Akteure wie die Hersteller, Importeure, Einzelhändler, Haushaltsverbände und die Haushalte selbst sind nicht an der Steuerung beteiligt.

Um die Wechselbeziehung zwischen Motivation, Informationen und Ressourcen der Durchführenden und der Zielgruppe zu erkennen, wenn es um die Energieeffizienz von Elektrogroßgeräten in Haushalten in Nigeria geht, wird CIT auf die Wahrscheinlichkeit der Anwendung und den Grad der Umsetzung der Energieeffizienzpolitik in Nigeria angewendet.

Abbildung 5.11 zeigt die Motivation der Durchführenden, sich mit der Energieeffizienz von elektrischen Haushaltsgroßgeräten zu befassen, und die Ergebnisse des Projekts "Eine Million CFL" und der UNDP-GEF-Energieeffizienzprogramme, die in Kapitel 4 erläutert wurden, zeigen, dass die Motivation der Durchführenden (Mi) für die Wahrscheinlichkeit der Anwendung (+) und die Motivation der Zielgruppe (Mt) (+/0) ist; und für den Grad der Umsetzung ist Mi (+) und Mt ebenfalls (+/0).

Abbildung 5.19 zeigt, dass der Informationsstand der Projektträger hoch ist, während die Zielgruppe noch einen großen Informationsbedarf hat. Die Ergebnisse des CFL-Projekts in Kapitel vier zeigen jedoch, dass die Zielgruppe über ein gewisses Maß an Informationen verfügte, was zum Erfolg des Projekts führte. Bei der Anwendungswahrscheinlichkeit ist die Information über die Anwendung positiver Partner (-) und beim Grad der Umsetzung ist die Information über die angemessene Anwendung positiver oder neutraler Partner ebenfalls (-).

Die Abbildungen 5.18 und 5.21 zeigen, dass es den Durchführenden an angemessenen Ressourcen wie politischen Instrumenten, Finanzmitteln und Durchsetzungsbefugnissen fehlt, um die Energieeffizienz von elektrischen Haushaltsgroßgeräten in Nigeria zu fördern, und da es keine Politik gibt, kann nicht festgestellt werden, ob die Zielgruppen die Maßnahmen der Durchführenden anfechten können. Daher ist sowohl für die Wahrscheinlichkeit der Anwendung als auch für den Grad der Umsetzung die Macht (pi) der Durchführenden und der Zielgruppe (0).

Zusammenfassung

Wahrscheinlichkeit der Anwendung von Geldtransporten

Mi	Mt.	I+	Pi	Situation	Ergebnis	Prozess
+	+/0	-	0	2	--	Lernen für eine aktive Zusammenarbeit

Mi = Motivation Umsetzer bzw. Anwendung
Mt = Motivation, Zielgruppe: Bewerbung
I+ = Informationen für die Bewerbung positiver Partner (höchste Stufe)
Pi = Gleichgewicht der Kräfte aus Sicht des Durchführenden

Grad der angemessenen Anwendung

Mi	Mt.	I+	Pi	Situation	Ergebnis	Prozess
+	+/0	-	0	2	--	Lernen für eine konstruktive Zusammenarbeit
Mi = Mt =			Motivationsumsetzer, nämlich Ad Motivation der Zielgruppe, nämlich Ade gleichwertige Anwendung quatte Anwendung			

I+ = Informationen für eine adäquate Anwendung von positiven oder neutralen Partner(n)
Pi = Gleichgewicht der Kräfte aus Sicht des Durchführenden

Hauptforschungsfrage: "Was lässt sich aus dem Governance-System der Energieeffizienzpolitik und -praktiken lernen, die auf elektrische Großgeräte im Haushaltssektor in Nigeria ab dem Jahr 2008 bis heute abzielen?"

Das Ergebnis der Bewertung in Abbildung 5.23 zeigt, dass die Steuerung der Energieeffizienz von elektrischen Haushaltsgroßgeräten in Nigeria nicht effektiv ist.

Derzeit ist das Governance-System für die Energieeffizienz von elektrischen Haushaltsgroßgeräten in Nigeria nur schwach entwickelt (Selbstregulierung), was möglicherweise auf eine fehlende Politik zurückzuführen ist. Die Wechselbeziehung zwischen GAT und CIT aus der Umsetzung des 1-Millionen-CFL-Projekts und des UNDP-GEF-Energieeffizienzprogramms zeigt, dass Nigeria im Hinblick auf die Wahrscheinlichkeit der Anwendung der Energieeffizienzpolitik für elektrische Haushaltsgroßgeräte lernt, eine aktive Zusammenarbeit zu entwickeln, und im Hinblick auf eine angemessene Anwendung der Energieeffizienzpolitik für elektrische Haushaltsgroßgeräte. Nigeria lernt etwas über konstruktive Zusammenarbeit.

6.1 Empfehlungen

Um Empfehlungen für eine wirksame Politikgestaltung und Steuerung der Energieeffizienz von Elektrogroßgeräten im Haushaltsbereich in Nigeria zu geben, werden die Antworten auf Teilfrage 4 und Teilfrage 5 berücksichtigt.

Forschungsfrage 5: "Welche alternativen Strategien können für die Energieeffizienz von elektrischen Großgeräten in der bebauten Umwelt in Nigeria formuliert und umgesetzt werden?"

"In der Politikwissenschaft hat die Governance-Perspektive die traditionelle Sichtweise der Regierung als souveräne Macht abgelöst. Diese Governance-Perspektive unterstreicht, dass verantwortliche Regierungen und Verwaltungen regelmäßig mit privaten Akteuren aus dem öffentlichen Sektor verhandeln und zusammenarbeiten müssen und dass viele kollektiv verbindliche Regeln jenseits des Staates in verschiedenen Formen gesellschaftlicher Selbstregulierung festgelegt und umgesetzt werden" (Benz, 2006, S.3 in Visser, 2012).

Auf der Grundlage der Umsetzung des 1-Millionen-CFL-Projekts und des laufenden UNDP-GEF-Energieeffizienzprogramms sowie des Ergebnisses der Evaluierung der Steuerung der Energieeffizienz von elektrischen Haushaltsgroßgeräten empfehle ich, dass Nigeria öffentlich-private Partnerschaften als Steuerungssystem für die Energieeffizienz von elektrischen Haushaltsgroßgeräten einführt.

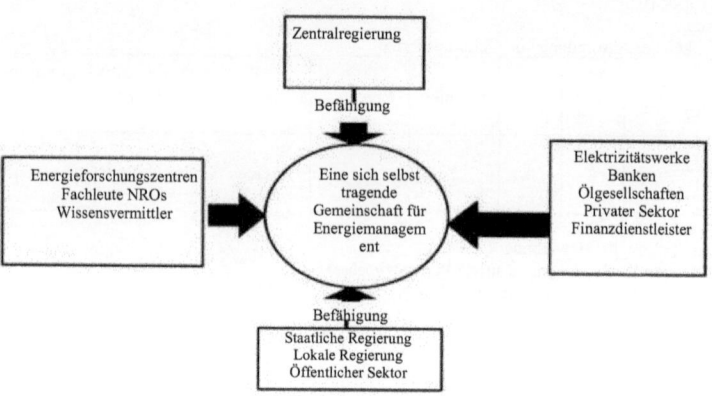

Abbildung 6.1: Ein kollektives Handlungsmodell der öffentlich-privaten Partnerschaft zur Ermächtigung einer sich selbst tragenden Energiegemeinschaft (Quelle: Li et al., 2013)

"Die am besten geeignete Technik zur Identifizierung der Interessen und Strategien der Akteure bei soziotechnischen Übergangsprojekten ist die Stakeholder-Analyse. Die Integration einer Partnerschaft mit mehreren Akteuren in ein kommunales Governance-Netzwerk, wie in Abbildung 6.1 dargestellt, kann die Menschen vor Ort befähigen, ein sich selbst tragendes Energiemanagementsystem zu schaffen. An einer Partnerschaft mit mehreren Akteuren sind verschiedene Kategorien von Akteuren beteiligt, wie Präsident, Gouverneure, Politiker, Projektentwickler, Technologiemarkt, Fachleute und Bürger.
Die vertikalen Verbindungen zwischen den öffentlichen Sektoren übernehmen die Verantwortung für die Politikgestaltung, die Förderung und die Budgetierung, die für eine nachhaltige grüne Nische der Wettbewerbsfähigkeit bei der Kohlenstoffreduzierung und die Förderung kollektiver Maßnahmen in Gemeinden weltweit von zentraler Bedeutung sind. Die horizontalen Verbindungen ermöglichen dem privaten Sektor den Austausch von Wissen, Informationen sowie technischen und geschäftlichen Dienstleistungen. Erstens spielen NRO, akademische Einrichtungen und Fachleute die Rolle von Vermittlern und koordinierenden Akteuren. Durch die Koordinierung von Informationen und Aktivitäten mit verschiedenen Sektoren erleichtern sowohl die vertikalen als auch die horizontalen Verknüpfungen die Entscheidungsfindung durch einen systematischen Prozess, der zu optimalen Maßnahmen führt" (Li et al., 2013)

Die Lehren aus der Umsetzung der Energieeffizienzpolitik für Elektrohaushaltsgeräte in anderen Ländern, die in Kapitel 2 Abschnitt 2.8 dargelegt sind, werden im Folgenden wiederholt:

10. *Die Einführung energieeffizienter Geräte in den Haushalten birgt ein enormes Potenzial zur Verringerung des nationalen Strombedarfs und der Emission von Treibhausgasen, insbesondere von Kohlendioxid.*

11. *Die Energieeffizienz von Haushaltsgeräten wurde in vielen Ländern durch Energiekennzeichnung, Beschaffung energieeffizienter Geräte, freiwillige Vereinbarungen, Nachfragesteuerung und die Durchsetzung von Mindeststandards für die Energieeffizienz verbessert.*

12. *Zu den von anderen Ländern eingesetzten politischen Instrumenten gehören Regulierungs-, Verwaltungs-, Informations- und Wirtschaftsinstrumente.*

13. *Informationsrückmeldungen und massive Bewusstseinsbildung über verschiedene Medien wurden genutzt, um eine Verhaltensänderung beim Energieverbrauch der Haushalte zu erreichen.*

14. *Damit eine Politik wirksam ist, sollte sie so konzipiert sein, dass sie berücksichtigt, wie Technologieübernahme, Energiesparpraktiken, Wissen über Energienutzung und Verhalten in Bezug auf Energieeinsparung mit den Merkmalen der Haushalte zusammenhängen, und sie sollte dem lokalen Umfeld entsprechen.*

15. *Für eine wirksame Politik ist eine Kombination von politischen Instrumenten erforderlich.*

16. *Die Umstellung der Haushalte auf effiziente Geräte muss durch entsprechende Rechtsvorschriften geregelt werden.*

17. *Für eine wirksame und effiziente Politik müssen alle Interessengruppen im Bereich der Haushaltsgeräte (Hersteller, Verkäufer, Nutzer usw.) in einem offenen und transparenten Prozess einbezogen werden.*

18. Alle staatlichen Stellen, die an der Steuerung der Energieeffizienz von Haushaltsgeräten beteiligt sind, müssen synergetisch zusammenarbeiten.

Wie beobachtet, gibt es kein nationales Programm, das von Nigeria initiiert und umgesetzt wird, um die Energieeffizienz von elektrischen Haushaltsgroßgeräten zu verbessern, daher schlage ich Folgendes vor

ʃ Das ECN kann sich an die Spitze der Lobbyarbeit stellen, um alle Interessengruppen zusammenzubringen und einen Ausschuss aller Interessengruppen, einschließlich des Privatsektors und der Haushalte selbst, zu bilden, der die öffentlich-private Partnerschaft vorantreibt.

ʃ Energiefragen sind nicht nur ein technisches, sondern auch ein soziales Phänomen. Daher müssen die Forschungszentren in Zusammenarbeit mit anderen Akademikern Untersuchungen durchführen, um herauszufinden, welche politischen Instrumente oder Kombinationen von Instrumenten von allen Interessengruppen akzeptiert werden, welche Arten von Anreizen die verschiedenen Interessengruppen benötigen, wie der Privatsektor einbezogen werden kann und ob der Privatsektor seine Ressourcen im Rahmen seiner sozialen Verantwortung für die Förderung der Energieeffizienz von elektrischen Haushaltsgroßgeräten einsetzen wird.

ʃ Der Ausschuss, der die öffentlich-private Partnerschaft vorantreibt, kann Strategien entwerfen und ein nationales Programm entwickeln, das einen Bottom-up-Ansatz verfolgt, um die Energieeffizienz von elektrischen Haushaltsgroßgeräten voranzutreiben.

Referenzliste

Abrahamse, W., Steg, L., Vlek, G., und Rothengatter, T., 2005. A review of intervention studies aimed at household energy conservation, Journal of Environmental Psychology, 25 (2005), PP 273 - 291.

Abrahamse, W., Steg, L., Vlek, G., und Rothengather, T., 2007. The effect of tailored information, goal setting, and tailored feedback on household energy use, energy related behaviors, and behavioral antecedents, Journal of Environmental Psychology, 27 (2007), PP 265 - 276.

Armel, K, C., Gupta, A., Shrimali, G., und Albert, A., 2013. Is disaggregation the holy grail of energy efficiency? The case of electricity, Journal of Energy Policy, 52 (2013), PP 213 - 234.

Ashima, S., und Nakata, T., 2008. Energy-efficiency for CO_2 emissions in a residential sector in Japan, Journal of Applied Energy, 85 (2008), PP 101 - 114.

Ashima, S., und Nakata, T., 2008. Quantitative analysis of energy-efficiency strategy on CO2 emission in the residential sector in Japan - Case study of Iwate Prefecture, Journal of Applied Energy, 85 (2008), PP 204 - 217.

Bansal, P., Vineyard, E., und Abdelaziz, O., 2011. Advances in household appliances - A review, Journal of Applied Thermal Engineering, 31 (2011), PP 3748 - 3760.

Barr, S., Gilg, A.W., und Ford, N., 2005. The household energy gap: examining the divide between habitual and purchase-related conservation behaviours, Journal of Energy Policy, 33 (2005), PP 1425 - 1444.

Bazilian, M., Nakhooda, S., und Van de Graaf, T., 2014. Energy governance and poverty, Journal of Energy Research and Science, xxx (2014), PP xxx - xxx.

Beaman, L., und Dillon, A., 2012. Do household definitions matter in survey design? Results from a randomized survey experiment in Mali, Journal of Development Economics, 98 (2012), PP 124 - 135.

Bertoldi, P., und Atanasiu, B., 2009. Electricity Consumption and Efficiency Trends in European Union, JRC-European Commission. http://re.jrc.ec.europa.eu/energyefficiency/ [Zugriff am 13. Mai 2014]

Bocher, M., 2012. Ein theoretischer Rahmen zur Erklärung der Wahl von Instrumenten in der Umweltpolitik, Journal of Forest Policy and Economics, 16 (2012), PP 14 - 22.

Borg, S.P., und Kelly, N.J., 2011. The effect of appliance energy efficiency improvements on domestic electric loads in European households, Journal of Energy and Buildings, 43 (2011), PP 2240 - 2250.

Bressers, H., et al., 2013. Water Governance Assessment Tool with an Elaboration for Drought resilience, DROP. www.dropproject.eu [Zugriff am 11. April 2014].

Brounen, D., Kok, N., und Quigley, J.M., 2013. Energy literacy, awareness, and conservation behaviour of residential households, Journal of Energy Economics, 38 (2013), PP 42 - 50.

Chai, K., und Yeo, C., 2012. Overcoming energy efficiency barriers through systems approach - A conceptual framework, Journal of Energy Policy, 46 (2012), PP 460 - 472.

Crosbie, T., 2008. Household energy consumption and consumer electronics: The case of television, Zeitschrift für Energiepolitik, 36 (2008), PP 2191 - 2199.

Cumberland, J., H., 1990. Public choices and the improvement of policy instruments for environmental management, Journal of Ecological Economics, 2 (1990), PP 149 - 162.

Delmas, M, A., Fischlein, M., und Asensio, O, I., 2013. Informationsstrategien und Energiesparverhalten: A mete-analysis of experimental studies from 1975 to 2012, Journal of Energy Policy, 61 (2013), PP 729 - 739.

ECN, 2003. Nationale Energiepolitik. Eine Veröffentlichung der Energiekommission von Nigeria.

ECN, 2007. Nationaler Energie-Masterplan. Eine Veröffentlichung der Energiekommission von Nigeria.

ECN, 2012. Masterplan für erneuerbare Energien. Eine Veröffentlichung der Energiekommission von Nigeria. 2nd ed.

EIA, 2013. U.S. Energy Information Administration, Nigeria full report. www.eia. gov/COUNTRIES/country-data.cfm?fips=NI [Zugriff am 9. April 2014]

Estrada, M.A.R., 2011. Policy Modeling: Definition, Klassifizierung und Bewertung, Journal of Policy Modeling, 33 (2011), PP 523 - 536.

Faber, A., und Hoppe. T., 2013. Co-constructing a sustainable built environment in the Netherlands - Dynamics and opportunities in an environmental sectoral innovation system, Journal of Energy Policy, 52 (2013), PP 628 - 638.

Filippini, M., Hunt, L., und Zoric, J., 2014. Impact of energy policy instruments on the estimated level of underlying energy efficiency in the EU residential sector, Journal of Energy Policy, 69 (2014), PP 73 - 81.

Gasper, R., und Antumes, D., 2011. Energy efficiency and appliance purchases in Europe: Consumer profiles and choice determinants, Journal of Energy Policy, 39 (2011), PP 7335 - 7346.

Ghaderi, A., Moghaddam, M.P., und Sheikh-El-Eslami, M.K., 2014. Energy efficiency resource modeling in generation expansion planning, Journal of Energy, 68 (2014), PP 529 - 537.

Ghisi, E., Gosch, S., und Lamberts, R., 2007. Electricity end-use in the residential sector of Brazil, Journal of Energy Policy, 35 (2007), PP 4107 - 4120.

Goldman, C., Reid, M., Levy, R., und Silverstein, A., 2010. Coordination of Energy Efficiency and Demand Response, Ernest Orlando Lawrence Berkeley National Laboratory.
http://emp.ibi.gov/sites/all/files/REPORT%20ibnl-304 [Zugriff am 14. Mai 2014]

Regierung von Kenia, Ministerium für Industrialisierung (GKMI), 2012. Standards und Kennzeichnungsprogramm für die Beteiligten.
www.ke.undp.org/index.php/procurements/download/331/. [Zugriff am 17. Juli 2014]

He, H.Z., und Kua, H.W., 2013. Lessons for integrated household energy conservation policy from Singapore's Southwest Eco-living Program, Journal of Energy Policy, 55 (2013), PP 105 - 116.

Hoppe, T., 2012. Adoption of innovative energy systems in social housing: Lessons from eight large-scale renovation projects in The Netherlands, Journal of Energy Policy, 51 (2012), PP 791 - 801.

Iwaro, J., und Mwasha, A., 2010. A review of building energy regulation and policy for energy conservation in developing countries, Journal of Energy Policy, 38 (2010), PP 7744 - 7755.

Jaffe, A., und Stavins, R., 1994. The energy paradox and the diffusion of energy technology, Journal of Resource and Energy Economics, 16 (1994), PP 91 - 122.

Kelly, G., 2012. Sustainability at home: Policy measures for energy-efficient appliances, Journal of Renewable and Sustainable Energy Reviews, 16 (2012), PP 6851 - 6860.

Kuks, S., et al., 2012. Governance assessment tool - Institutional capacity, Universität Twente, 26. April 2012. Die Niederlande.

Leighty, W., und Meier, A., 2011. Accelerated electricity conservation in Juneau, Alaska: A study of household activities that reduced demand 25%, Journal of Energy Policy, 39 (2011), PP 2299 - 2309.

Lillemo, S, C., 2014. Measuring the effect of procrastination and environmental awareness on households' energy saving behaviours: Ein empirischer Ansatz, Journal of Energy Policy, 66 (2014), S. 249 - 256.

Lopes, M, A, R., Antunes, C, H., und Martins, N., 2012. Energy behaviours as promoters of energy efficiency: A 21st century review, Journal of Renewable and Sustainable Energy Review, 16 (2012), PP 4095 - 4104.

Ma, G., Andrews-speed, P., und Zhang, J., 2013. Chinese consumer attitudes towards energy saving: The case of household electrical appliances in Chongqing, Journal of Energy Policy, 56 (2013), PP 591 - 602.

McMichael, M., und Shipworth, D., 2013. The value of social networks in the diffusion of energy-efficiency innovations in UK households, Journal of Energy Policy, 53 (2013), PP 159 - 168.

Mills, B., und Schleich, J., 2010. What's driving energy efficient appliance label awareness and purchase propensity, Journal of Energy Policy, 38 (2010), PP 814 - 825.

Mills, B., und Schleich, J., 2012. Residential energy-efficient technology adoption, energy conservation, knowledge, and attitudes: An analysis of European countries, Journal of Energy Policy, 49 (2012), PP 616 - 628.

Murphy, L., Meijer, F., und Visscher, H., 2012. A qualitative evaluation of policy instruments used to improve energy performance of existing private dwellings in the Netherlands, Journal of Energy Policy, 45 (2012), PP 468 - 459.

Nair, G., Gustavsson, L., und Mahapatra, K., 2010. Factors influencing energy efficiency investments in existing Swedish residential buildings, Journal of Energy Policy, 38 (2010), PP 2956 - 2963.

NBS, 2012. Social Statistics in Nigeria, Part III: Health, Employment, Public safety, Population and Vital Registration. http://www.nigeriastat.gov.ng/pages/download/170 [Accessed 9 April 2014]

NBS, 2014. Besser messen: Preliminary results of the rebased nominal gross domestic product (GDP) estimates for Nigeria 2010 to 2013, Delivered by the Statistician-General of the Federation and Chief Executive Officer, National Bureau of Statistics, Dr. Yemi Kale, Abuja 6 April 2014. http://www.nigeriastat.gov.ng/pages/download/199 [Zugriff am 10. April 2014]

Never, B., 2014. Making energy efficiency pro-poor: Insights from behaviuoral economics for policy design, Diskussionspapier, 11 (2014), Deutsches Institut für Entwicklungspolitik.

O'Doherty, J., Lyons, S., und Tol, R.S.J., 2008. Energy-using appliances and energy-saving features: Determinanten des Eigentums in Irland, Journal of Applied Energy, 85 (2008), PP 650 - 662.

Ofosu-Ahenkorah, 2002. Umgestaltung des westafrikanischen Marktes für Energieeffizienz: Ghana geht mit obligatorischen Normenlabels voran. http://www.energyguide.org.gh/page.php?Page=4318 [Zugriff am 26. Juni 2014]

Oikonomou, V., Becchis, F., Steg, L., und Russolillo, D., 2009. Energiespar- und Energieeffizienzkonzepte für die Politikgestaltung, Journal of Energy Policy, 37 (2009), PP 4787 - 4796.

Pelenur, M, J., und Cruickshank, H, J., 2012. Closing the energy efficiency gap: A study linking demographics with barriers to adopting energy efficiency measures in the home, Journal of Energy, 47 (2012), PP 384 - 357.

Reddy, B., S., 2013. Barriers and drivers to energy efficiency - A new taxonomical approach, Journal of Energy Conversion and Management, 74 (2013), PP 403 - 416.

Reddy, B., S., 2003. Overcoming the energy efficiency gap in India's household sector, Journal of Energy Policy, 31 (2003), PP 1117 - 1127.

Sardianou, E., 2007. Estimating energy conservation patterns of Greek households, Journal of Energy Policy, 35 (2007), PP 3778 - 3791.

Sarkar, A., und Sigh, J., 2010. Financing energy efficiency in developing countries - lessons learned and remaining challenges, Journal of Energy Policy, 38 (2010), PP 5560 - 5571.

Shimoda, Y., et al., 2010. Prediction of greenhouse gas reduction potential in Japanese residential sector by residential energy end-use model, Journal of Applied Energy, 87 (2010), PP 1944 - 1952.

Stephenson et al., 2010. Energy cultures: A framework for understanding energy behaviours, Journal of Energy Policy, 38 (2010), PP 6120 - 6129.

Streimikiene, D., 2014. Residential energy consumption trends, main drivers and policies in Lithuania, Journal of Renewable and Sustainable Energy Review, 35 (2014), PP 285 - 293.

Sweeney et al., 2013. Energy saving behaviours: Development of a practice-based model, Journal of Energy Policy, 61 (2013), PP 371 - 381.

Travezan, J.Y., Harmen, R., und Toledo, G., 2013. Policy analysis for energy efficiency in the built environment in Spain, Journal of Energy Policy, 61 (2013), PP 317 326.

UNDP, 2013. End-use Metering Campaign for Residential Houses in Nigeria. www.ng.undp.org/..../nigeria/..../UNDP NG sustaindev metering campa.... [Zugriff am 17. Januar 2014]

UNEP, 2012. Regional Report on Efficient Lighting in Sub-Saharan African Countries. www.enlighten-initiative.org/'..../country...'/en.lighten sub-saharan%20R... [Zugriff am 17. April 2014]

Varone, F., und Aebischer, B., 2001. Energy efficiency: The challenges of policy design, Journal of Energy Policy, 29 (2001), PP 615 - 629.

Vassileva, I., Wallin, F., und Dahlquist, E., 2012. Analytischer Vergleich zwischen Stromverbrauch und Verhaltensmerkmalen von schwedischen Haushalten in Mietwohnungen, Journal of Energy Policy, 90 (2012), PP 182 - 188.

Verschuren, P., und Doorewaard, H., 2010. Designing a Research Project. 2nd ed. London: Eleven International Publishing.

Vine, E., Drury, C., und Centolella, P., 1991. Energy efficiency and the environment: Forging the link, Journal of American Council for an Energy-Efficient Economy.

Webber, L., 1997. Some reflections on barriers to the efficient use of energy, Journal of Energy Policy, 25 (1997), PP 833 -5.

Wilhite, H., und Ling, R., 1995. Gemessene Energieeinsparungen durch eine informativere Energierechnung, Journal of Energy and Buildings, 22 (1995), PP 145 - 155.

Wood, G., und Newborough, M., 2003. Dynamic energy-consumption indicators for domestic appliances: environment, behaviour and design, Journal of Energy and Building, 35 (2003), PP 821 - 841.

Yamamoto, Y., Suzuki, A., Fuwa, Y., und Sato, T., 2008. Decision-making in electrical appliance use in the home, Journal of Energy Policy, 36 (2008), PP 1679 - 1686.

Yohanis, Y, G., 2012. Domestic energy use and householder's energy behaviour, Journal of Energy Policy, 41 (2012), PP 654 - 665.

Young. D., 2008. When do energy-efficient appliances generate energy savings? Some evidence from Canada, Journal of Energy Policy, 36 (2008), PP 34 - 46.

Yue, T., Long, R., und Chen, H., 2013. Factors influencing energy saving behaviour of urban households in Jiangsu Province, Journal of Energy Policy, 62 (2013), PP 665 - 675.

Zhang, Y., und Wang, Y., 2013. Barriers' and policies' analysis of China's building energy efficiency, Journal of Energy Policy, 62 (2013), PP 768 - 773.

Anhang

Fragebogen zur Bewertung der Politik für die Untersuchung der Energieeffizienz von Elektrogroßgeräten im Wohnbereich in Nigeria

Dieser Fragebogen enthält sechs Abschnitte (A-F). Die Befragung - für die dieser Fragebogen das wichtigste Instrument der Datenerhebung ist - wird etwa eine Stunde dauern.

Abschnitt A - Politik

1. Welches sind die wichtigsten politischen Maßnahmen und Praktiken, die auf die Energieeffizienz von elektrischen Haushaltsgeräten in Nigeria ab dem Jahr 2008 bis heute abzielen?

Abschnitt B - Regierungsstellen

2. Welche staatlichen Stellen sind an der Energieeffizienz von Elektrogeräten in Nigeria beteiligt und befassen sich damit?
3. Inwiefern sind diese Agenturen an der Energieeffizienz von elektrischen Haushaltsgeräten in Nigeria beteiligt?
4. Gibt es wichtige fehlende Agenturen?
5. Wie sieht es mit der Zusammenarbeit und dem Vertrauen zwischen diesen Stellen aus?
6. Gibt es einen starken Einfluss einer bestimmten Stelle auf Verhaltensänderungen oder Managementreformen bei der Steuerung der Energieeffizienz von elektrischen Haushaltsgeräten in Nigeria, und wenn ja, wie erklären Sie sich das?

Abschnitt C - Interessierte Kreise

7. Wer sind die Akteure bei der Steuerung der Energieeffizienz von Elektrohaushaltsgeräten in Nigeria, und wie sind sie in den Umgang mit der Energieeffizienz von Elektrohaushaltsgeräten in Nigeria eingebunden?
8. Gibt es Ihrer Meinung nach Interessengruppen, die von der Umsetzung der Politik ausgeschlossen sind?
9. Was sind die Beweggründe Ihrer Organisation, sich mit der Energieeffizienz von elektrischen Haushaltsgeräten zu befassen?
10. Wie sind die Interaktionen mit anderen Akteuren organisiert und was sind ihre Ursprünge?
11. Gibt es einen starken Einfluss eines Akteurs oder einer Akteurskoalition auf die Steuerung der Energieeffizienz von elektrischen Haushaltsgeräten in Nigeria (in Richtung Verhaltensänderung oder Managementreform)?

Abschnitt D - Politische Ziele

12. Inwieweit werden die verschiedenen Problemperspektiven aller Beteiligten in der derzeitigen Politik und Praxis berücksichtigt?
13. Inwieweit stimmen die verschiedenen Ziele der einzelnen Durchführungsstellen überein?
14. Unterscheiden sich die politischen Ambitionen vom Status quo / Business as usual?

Abschnitt E - Problemwahrnehmung und politische Instrumente

15. Welche Arten von politischen Instrumenten sind in der politischen Strategie vorgesehen?
16. Wie gut sind die Durchführungsstelle und die Zielgruppe über die Instrumente und deren Zweck(e) informiert?
17. Welche Verhaltensabweichung der Zielgruppe von der gängigen Praxis wird vorausgesetzt und wie stark wird diese durch die Instrumente gefordert und durchgesetzt?

Abschnitt F - Politische Herausforderungen und Empfehlungen

18. Was sind die Herausforderungen bei der Umsetzung von Energieeffizienzmaßnahmen für elektrische Haushaltsgroßgeräte in Nigeria?
19. Was sind Ihre Empfehlungen für eine wirksame Politikgestaltung und -umsetzung im Hinblick auf die Energieeffizienz von elektrischen Haushaltsgroßgeräten in Nigeria?

Antworten aus der Befragung des Fragebogens zur Bewertung der Regierungsführung für die Studie über die Energieeffizienz von Elektrogroßgeräten im privaten Sektor in Nigeria.

EXPERT 1

Die wichtigsten politischen Maßnahmen, die in Nigeria seit 2008 auf die Energieeffizienz abzielen, sind (i) Die Energieeinsparung soll auf allen Ebenen der Nutzung der nationalen Energieressourcen gefördert werden (ii) Die Nation soll die Entwicklung und Einführung energieeffizienter Methoden bei der Energienutzung fördern. Diese Erklärungen zielten nicht speziell auf elektrische Haushaltsgroßgeräte ab. Die Nationale Energiepolitik (ECN 2003) wird jedoch derzeit überarbeitet, um die Energieeffizienz von Haushaltsgeräten zu berücksichtigen. Zu den bereits umgesetzten oder noch laufenden Maßnahmen gehören verschiedene Schulungsworkshops zum Thema EE, das ECN-ECOWAS-CUBAN Regierungsprojekt für eine Million CFLs, das GEF-UNDP EE-Programm und die Bewusstseinsbildung über verschiedene Medien.

Die für die Energieeffizienz von Haushaltsgeräten in Nigeria zuständigen Regierungsstellen sind die Energy Commission of Nigeria (ECN), die Standard Organisation of Nigeria (SON), das Ministerium für Wohnungsbau und Stadtentwicklung, das National Centre for Energy Efficiency and Conservation (NCEEC) und das Nigeria Building and Road Research Institute (NBRRI). Das ECN ist für die Formulierung der Politik und die Überwachung der Umsetzung der Politik zuständig. Dies geschieht durch die Abteilung für Energiemanagement, Ausbildung und Entwicklung von Arbeitskräften (EMTMD), das NCEEC forscht auf dem Gebiet der Energieeffizienz und der Energieeinsparung, um die Energieeffizienz in den Haushalten zu verbessern und Arbeitskräfte für die Energieeffizienz auszubilden, das SON legt in Zusammenarbeit mit anderen Interessengruppen Normen für Geräte fest und überwacht deren Umsetzung, das Ministerium für Wohnungsbau und Stadtentwicklung ist für die Ausarbeitung von Bauvorschriften zuständig, während das NBRRI auf dem Gebiet der Gebäudeeffizienz forscht.

EE und Umweltschutz sind zu weit gefasst, und der NCEEC sollte zu einer Kommission aufgewertet werden, die sich mit allen Fragen der EE in Nigeria befasst. Auch die EMTMD sollte in zwei Abteilungen aufgeteilt werden.

Es gibt eine Zusammenarbeit zwischen den für die EE von Haushaltsgeräten in Nigeria zuständigen Stellen. Normalerweise werden behördenübergreifende Ausschüsse eingerichtet, um wichtige Fragen zu klären. Die Frage des Vertrauens ist nicht ganz klar.

Das ECN hat mit der Umsetzung des Projekts "Eine Million CFLs" und der Bewusstseinsbildung durch verschiedene Workshops viel bewirkt. Auch die Erhöhungen der Stromtarife durch die National Electricity Regulatory Commission (NERC) tragen dazu bei, das Verhalten der Nutzer in Richtung Energieeinsparung zu ändern.

Die Hauptakteure, die an der Steuerung der Energieeffizienz von Haushaltsgeräten in Nigeria beteiligt sind, sind das ECN, das für die Formulierung und Umsetzung der Politik verantwortlich ist, das NCEEC, das den Auftrag hat, die Verbesserung der Energieeffizienz im Allgemeinen zu erforschen, das SON, das für die Festlegung und Durchsetzung von Normen zuständig ist, der Zoll, der die Einfuhr von minderwertigen Geräten kontrolliert, und das NERC, das die Tarife festlegt und umsetzt, die Energieversorgungsunternehmen registriert und sie überwacht und kontrolliert. Alle Interessengruppen sind an der Umsetzung der EE-Politik für Haushaltsgeräte in Nigeria beteiligt. Andere Interessengruppen werden durch Seminare, Workshops und Sitzungen von Expertenausschüssen einbezogen. Die Interaktion mit anderen Akteuren wird entweder vom ECN oder von einem der Akteure initiiert. Das GEF-UNDP EE-Programm hat dazu beigetragen, alle Interessengruppen bei der Steuerung von EE in Nigeria zusammenzubringen.

Die Motivation des ECN für die Umsetzung von EE-Maßnahmen besteht darin, die Energieverschwendung, die unzureichende Stromversorgung und die hohen Tarife zu reduzieren, da das Einkommensniveau der Nigerianer niedrig ist.

Die Nationale Energiepolitik (ECN 2003) wird derzeit überarbeitet, um den Interessen aller Beteiligten Rechnung zu tragen und verschiedene Problemperspektiven zu berücksichtigen. Alle Durchführungsstellen arbeiten auf ein gemeinsames Ziel hin, und die politischen Ambitionen unterscheiden sich von den früheren. Es wird ein Bottom-up-Ansatz vorgeschlagen.

Im NEP (ECN 2003) wurde kein einziges Instrument angesprochen, aber die Überprüfungspolitik befasst sich mit wirtschaftlichen Instrumenten wie Anreizen und Subventionen, Informationsinstrumenten, verbindlichen Instrumenten wie MEPS, Standards und Labels usw. Die für die Umsetzung der Politik verantwortlichen Personen verfügen über ein gewisses Maß an Wissen, benötigen jedoch mehr Schulungen und die Zielgruppe muss stärker sensibilisiert werden. EE ist wegen der unzureichenden Energieversorgung nicht sehr ermutigend, es sind verbindliche Instrumente erforderlich, um minderwertige Produkte zu kontrollieren und ineffiziente Geräte aus dem System zu entfernen.

Zu den Herausforderungen bei der Umsetzung von EE für Haushalte gehören die mangelhafte Bauweise von Häusern, insbesondere in ländlichen Gebieten, soziale Fragen wie die Beleuchtung für Ekstase und der Mangel an angemessenen Ressourcen für die Umsetzung der Politik. Meine Empfehlungen für eine wirksame Politik zur Förderung der Energieeffizienz von Haushaltsgeräten lauten: Schulung und Sensibilisierung der Beteiligten, Umsetzung, Überwachung und Koordinierung der politischen Strategien durch das ECN und Schulung der verschiedenen Beteiligten, um eine Verhaltensänderung herbeizuführen.

EXPERT 2

Die wichtigsten Maßnahmen, die in Nigeria seit 2008 auf die Energieeffizienz von elektrischen Haushaltsgeräten abzielen, sind im NEP (ECN, 2003) aufgeführt: (i) Die Energieeinsparung soll auf allen

Ebenen der Nutzung der Energieressourcen des Landes gefördert werden, (ii) das Land soll die Entwicklung und Einführung energieeffizienter Methoden bei der Energienutzung fördern. Die Politik ist nicht spezifisch auf elektrische Haushaltsgeräte ausgerichtet, aber derzeit wird die Politik (ECN, 2003) überarbeitet und die Energieeffizienz von Haushalten wird angesprochen. Die Umsetzung der Politik von 2008 bis heute umfasst ein 1-Million-CFL-Projekt, Schulungen und Bewusstseinsbildung durch verschiedene Workshops, Seminare und Konferenzen sowie das UNDP-GEF-Energieeffizienzprogramm.

Die zentrale Regierungsbehörde, die sich mit der EE von elektrischen Haushaltsgroßgeräten befasst, ist das ECN und sein Forschungszentrum (NCEEC). Andere staatliche Stellen sind der nigerianische Zoll, SON und CPC. Das ECN ist für die Formulierung und Umsetzung der Politik zuständig, was die Durchführung von EE-Projekten, die Förderung von EE durch Bewusstseinsbildung und Sensibilisierungsworkshops umfasst. Das NCEEC erforscht EE-Themen wie Förderung, Schulung und Effizienzprüfung, das SON ist für die Festlegung und Durchsetzung von Normen zuständig, und das CPC schützt die Verbraucher und stellt sicher, dass die Wünsche und die Zufriedenheit der Verbraucher in Bezug auf die von ihnen gekauften Geräte berücksichtigt werden, während die nigerianische Zollbehörde den Zustrom von minderwertigen Geräten ins Land kontrolliert. Zwischen den Durchführungsstellen besteht ein freundschaftliches Verhältnis und eine gute Zusammenarbeit, aber ob sie sich gegenseitig vertrauen, lässt sich nicht feststellen.

Das ECN hat durch Werbung und Bewusstseinsbildung (z.B. Workshops, Seminare, Konferenzen) und das 1-Millionen-CFL-Projekt einen starken Einfluss auf die Steuerung der Energieeffizienz von Haushaltsgeräten in Nigeria ausgeübt. Außerdem initiierte das ECN über das UNDP und in Zusammenarbeit mit dem Umweltministerium einen Vorschlag, der in ein UNDP-GEF-EE-Programm mündete, das eine Reihe von Managementreformen für die Steuerung von EE bei großen Haushaltsgeräten in Nigeria mit sich bringt.

Die wichtigsten Akteure, die in Nigeria an der Steuerung von EE beteiligt sind, sind die mit EE befassten Regierungsstellen. Alle Interessengruppen sind an der Steuerung der EE von Haushaltsgeräten in Nigeria beteiligt.

Die Motivation des ECN, EE bei Haushaltsgeräten in Nigeria einzuführen, ist das der Kommission erteilte Mandat. Weitere Beweggründe für das ECN sind, dass EE zu einer Verringerung der Anzahl der vom Land benötigten Kraftwerke, einer nachhaltigen Entwicklung und einer Verbesserung der Wirtschaft führen wird.

Die Interaktion der Interessengruppen wird in der Regel vom ECN durch Expertenausschüsse und die Interaktion der Interessengruppen initiiert, um Strategien zur EE von Haushaltsgeräten zu diskutieren und umzusetzen. Das nigerianische ECN übernimmt dabei die Führung. Das ECN hat auch erfolgreich alle Interessengruppen durch Werbemaßnahmen mobilisiert, um das Verhalten und das Management energieeffizienter Aktivitäten zu ändern. Ein Beispiel dafür ist die Überzeugung von Immobilienbesitzern, bewährte EE-Verfahren und EE-Geräte einzuführen.

Die verschiedenen Problemperspektiven wurden durch Bewusstseinsbildung, Aufklärung und Informationsverbreitung durch das ECN angegangen, beispielsweise haben die Gesetzgeber nun verstanden, warum Investitionen in EE getätigt werden sollten. Auch der Entwurf der zu überprüfenden Politik hat fast alle Fragen angesprochen.

Die Ziele aller beteiligten Stellen stimmen sehr gut überein, da sie alle darauf hinarbeiten, ineffiziente Geräte aus den Haushalten zu entfernen. Die politischen Ambitionen unterscheiden sich vom Status quo. Der NEP, der derzeit überarbeitet wird, und das Zusammenkommen aller Interessengruppen bei der Formulierung des Strategiepapiers erklären dies. Die implizierte Verhaltensänderung besteht darin, das Verhalten der Nutzer von ineffizienten Geräten auf effiziente Geräte umzustellen.

Die derzeitige Politik ging auf kein einziges Instrument ein, doch dies wurde in den Entwurf des Strategiepapiers aufgenommen. Die Durchführungsstellen verfügen über ein umfangreiches Wissen über die Instrumente. Schulungen und Umschulungen sind im Gange, aber die Zielgruppe muss noch stark sensibilisiert werden, um die Instrumente und ihre beabsichtigten Zwecke zu verstehen. Eine Kombination aus wirtschaftlichen und obligatorischen Instrumenten ist erforderlich, damit sich das Verhalten der Zielgruppe in Richtung Effizienz ändert.

Einige der Herausforderungen bei der Umsetzung der EE-Politik für Haushaltsgeräte in Nigeria sind der Mangel an Finanzmitteln für die Umsetzung der Politik, der fehlende Aufbau von Kapazitäten für die Formulierung und Umsetzung der Politik sowie das Fehlen einer angemessenen Gesetzgebung, da der NEP nicht vom Parlament verabschiedet wurde und daher in gewissem Maße nicht durchsetzbar ist.

Für eine wirksame Politikformulierung und -umsetzung in Bezug auf die EE von elektrischen Haushaltsgeräten in Nigeria sollte der NEP vom Parlament verabschiedet werden. Schulung aller Beteiligten und Stärkung der Synergien zwischen den Beteiligten.

EXPERT 3

Die Politik, die seit 2008 auf die Energieeffizienz von elektrischen Haushaltsgroßgeräten abzielt, wird im NEP

(ECN, 2003) wie folgt beschrieben: (i) Die Energieeinsparung soll auf allen Ebenen der Nutzung der nationalen Energieressourcen gefördert werden (ii) Die Nation soll die Entwicklung und Einführung energieeffizienter Methoden der Energienutzung fördern. Obwohl die politische Erklärung allgemein gehalten ist, befasst sich der zu prüfende Entwurf speziell mit der Energieeffizienz von Haushaltsgeräten. Zu den bereits umgesetzten oder laufenden Maßnahmen und Praktiken gehören Sensibilisierungsworkshops für Interessengruppen, das 1-Millionen-CFL-Projekt, das UNDP-GEF-Energieeffizienzprogramm und CFL-Beleuchtungsstandards und -kennzeichnungen, die Ende 2013 in Kraft treten.

Die Regierungsbehörden, die an der Steuerung der EE von Haushaltsgroßgeräten beteiligt sind, sind ECN, NCEEC, SON, das Energieministerium, CPC, der nigerianische Zolldienst und NOA. Das ECN liefert technische Beiträge in Form von Forschung und Politikgestaltung, das NCEEC erforscht EE-Fragen; Son ist für die Festlegung und Durchsetzung von Normen zuständig. Das Energieministerium leistet ebenfalls einen Beitrag zur Politikgestaltung, der nigerianische Zoll kontrolliert die Einfuhr minderwertiger und ineffizienter Produkte über die Grenze, während NOA die Verantwortung für die Bewusstseinsbildung trägt, um die Einstellung der Haushalte zur Nutzung von Elektrogeräten zu ändern.

Die Akteure, die in Nigeria an der Steuerung der EE von Elektrogroßgeräten beteiligt sind, sind die Regierungsbehörden, die sich mit EE in Nigeria befassen. Alle Interessengruppen sind an der Steuerung der EE von Elektrohaushaltsgeräten in Nigeria beteiligt und es besteht eine starke Zusammenarbeit und Vertrauen zwischen den Behörden.

Das ECN hat durch die Umsetzung des 1-Million-CFL-Projekts und des UNDP-GEF-EE-Programms eine starke Wirkung erzielt. Einige Regierungsstellen haben in ihren Büros EE-Abteilungen eingerichtet. Auch die Aussage des SON zeigt, dass sich die Qualität der CFL auf dem Markt seit der Durchsetzung der CFL-Beleuchtungsnorm und -kennzeichnung verbessert hat.

Die Motivation des UNDP-GEF zur Umsetzung der EE-Politik für elektrische Haushaltsgeräte ist der Klimawandel und die unzureichende Stromversorgung. Das UNDP-GEF-EE-Programm initiierte und nutzt die Projektplattform, um alle Interessengruppen bei der Steuerung und Förderung bewährter EE-Praktiken insbesondere in Haushalten zu koordinieren. Das UNDP-GEF EE-Programm spielte auch eine führende Rolle bei der Schaffung einer starken Wirkung, indem es alle Interessenvertreter zusammenbrachte, die Interessenvertreter schulte und Vorschriften zur Regelung der EE von Haushaltsgeräten in Nigeria formulierte. Die verschiedenen Problemperspektiven werden Schritt für Schritt angegangen. Es werden bereits Qualitätsprodukte angeboten und Anreize für EE-Geräte werden im Entwurf der überprüfenden Politik angesprochen. Die Ziele aller an der Steuerung der EE von Elektrohaushaltsgeräten beteiligten Stellen stimmen überein, da sie alle auf die Einführung effizienter Geräte in den Haushalten hinarbeiten. Das politische Ziel unterscheidet sich vom Status quo, da derzeit ein Bottom-up-Ansatz verfolgt wird, um die Energieeffizienz von Haushaltsgeräten in Nigeria zu verbessern.

Im NEP (ECN, 2003) wird kein spezielles politisches Instrument für Haushaltsgeräte erwähnt, aber der Entwurf der zu überprüfenden Politik schlägt eine Kombination aus wirtschaftlichen, freiwilligen und verbindlichen Instrumenten vor. Die Durchführungsstellen sind gut über die Instrumente informiert, da für sie zahlreiche Schulungen organisiert wurden, aber die Zielgruppe muss noch stark sensibilisiert werden. Die implizite Verhaltensänderung der Zielgruppe ist die Verwendung effizienter Geräte, und damit dies in die Tat umgesetzt werden kann, müssen die Instrumente zunächst freiwillig sein, aber ab 2016 (in Übereinstimmung mit der ECOWAS-Vision) werden obligatorische Instrumente angewandt werden. Es wird eine Kombination aus wirtschaftlichen und obligatorischen Instrumenten eingesetzt werden.

Die Herausforderungen, denen sich die Umsetzung der EE-Politik in Nigeria gegenübersieht, sind Informationsbarrieren, Marktbarrieren, fehlende Ressourcen, fehlende Politik, fehlende Durchsetzung, Verhaltens- und soziale Probleme sowie minderwertige Produkte.

Für eine wirksame Politikformulierung und -umsetzung sollte ein "Bottom-up"-Ansatz verfolgt werden, bei dem alle Interessengruppen in die Politikformulierung und -umsetzung einbezogen werden und Kapazitäten für eine wirksame Politikformulierung und -umsetzung aufgebaut werden.

EXPERT 4

Die Politik, die auf die Energieeffizienz von elektrischen Haushaltsgeräten in Nigeria ab dem Jahr 2008 bis heute abzielt, ist im NEP 2003 dargelegt, einer allgemeinen Erklärung, die den Import von energieeffizienten Geräten unterstützt. Es gibt keine Politik, die speziell auf Elektrohaushaltsgeräte abzielt. Einige der umgesetzten Maßnahmen und Praktiken sind das 1 Million CFL-Projekt für effiziente Beleuchtung in Nigeria und das UNDP-GEF-Energieeffizienzprogramm.

Die Regierungsbehörden, die sich mit der Energieeffizienz von elektrischen Haushaltsgeräten in Nigeria befassen, sind ECN, NCEEC, NERC, CPC, SON, FME, FMP und NBRRI. Das ECN ist für die Formulierung der Politik und die strategische Planung für den Energiesektor in Nigeria in allen seinen Verzweigungen zuständig. Dies geschieht durch Fördermaßnahmen und Demonstrationsprojekte. Das NCEEC ist für die Forschung und Entwicklung im Bereich der Energieeffizienz, die Förderung energieeffizienter Geräte und die Durchführung von Tests zur Ermittlung des Wirkungsgrads von Geräten zuständig. Das NERC befasst sich mit der Regulierung des Angebots und der Förderung der Verwendung effizienter Geräte durch die Verbraucher. Das CPC ist für den Schutz der Verbraucherinteressen zuständig, insbesondere gegen minderwertige Produkte, das SON ist für die Durchsetzung von Normen für elektrische Haushaltsgeräte verantwortlich, das FME fördert die Energieeffizienz, um die Auswirkungen des Klimawandels abzuschwächen, das FMP befasst sich mit der Energieeffizienz, aber derzeit nicht mit Haushaltsgeräten, und das NBRRI arbeitet an Bauvorschriften (grünes Bauen). Die NASREA wird bei der Steuerung der Energieeffizienz von elektrischen Haushaltsgeräten in Nigeria nicht mit einbezogen. Sie hat den Auftrag, sich mit Elektroschrott zu befassen.

Der Grad der Zusammenarbeit und des Vertrauens zwischen diesen Agenturen ist nicht sehr hoch. Der Grund dafür ist, dass einige Agenturen das Mandat anderer Agenturen umsetzen, was zu Konflikten zwischen ihnen führt. Ein typisches Beispiel dafür ist, dass FMP und FME an der Ausarbeitung einer Energieeffizienzpolitik arbeiten, ohne mit dem ECN zusammenzuarbeiten oder es zu unterstützen.

Das ECN und das NCEEC haben durch die Umsetzung des 1-Millionen-CFL-Projekts, des UNDP-GEF-Energieeffizienzprogramms, Workshops, Energieaudits vor Ort und die kürzlich vom SON entwickelten Normen für die Beleuchtung einen starken Einfluss auf Verhaltensänderungen und Managementreformen bei der Steuerung der Energieeffizienz von elektrischen Haushaltsgeräten in Nigeria. Derzeit findet eine allmähliche Umstellung der Qualität effizienter Glühbirnen auf dem nigerianischen Markt statt.

Abgesehen von den Regierungsbehörden gibt es in Nigeria keine weiteren Interessengruppen, die an der Verwaltung von elektrischen Haushaltsgeräten beteiligt sind. Der Befragte ist sich nicht sicher, ob irgendein Interessenvertreter von der Umsetzung der Politik ausgeschlossen ist.

Die Motivation des ECN, sich mit der EE von Elektrohaushaltsgeräten zu befassen, ergibt sich aus seinem Auftrag, dem Potenzial der EE zur Verbesserung der Wirtschaft und der Energiesicherheit durch Senkung der Energienachfrage bei gleichzeitiger Erhöhung des Angebots und zur Abschwächung der Klimaauswirkungen, wodurch eine nachhaltige Entwicklung gefördert wird.

Der Austausch mit anderen Akteuren erfolgt in der Regel über Workshops, Sitzungen von Expertenausschüssen und gemeinsame Programme. Meistens initiiert das ECN diese Interaktionen, aber manchmal werden sie auch von internationalen Organisationen initiiert. Auch andere Agenturen wie NERC initiieren die Interaktion. Das UNDP-GEF-Energieeffizienzprogramm hat verschiedene Akteure zusammengebracht, um die Energieeffizienz von elektrischen Haushaltsgeräten in Nigeria zu fördern.

Die derzeitige Politik als Dokument ging auf keines der verschiedenen Probleme ein, die von den Interessenvertretern angesprochen wurden (z. B. keine Politik zur Lösung der Frage der Anschaffungskosten effizienter Geräte). Der Entwurf der überarbeiteten Strategie geht jedoch auf einige Probleme wie die Frage der Anreize ein. Derzeit werden Normen und Kennzeichnungen entwickelt, um das Problem der Qualität anzugehen. Die verschiedenen Ziele der einzelnen Durchführungsstellen sind aufeinander abgestimmt, aber es gibt eine Überschneidung der Programme und Strategien der einzelnen Stellen, so dass es kein umfassendes nationales Programm zur Förderung der Energieeffizienz von Haushaltsgeräten gibt.

Der vorgeschlagene Entwurf unterscheidet sich vom Status quo und von "business as usual", da konkrete Ziele mit einem Zeitrahmen festgelegt werden; außerdem werden verschiedene Instrumente vorgeschlagen, wie z. B. eine Kombination aus verbindlichen und freiwilligen Instrumenten. Das Instrument, das in der politischen Strategie am häufigsten eingesetzt wurde, sind Informationsinstrumente. Dies geschieht durch Aufklärung und Bewusstseinsbildung. Der vorgeschlagene Politikentwurf enthält jedoch auch wirtschaftliche Instrumente wie Anreize und Subventionen, verbindliche Instrumente wie MEPs, Normen und Kennzeichnungen sowie freiwillige Instrumente. Die Informationen, die den Durchführungsstellen und den Zielgruppen zur Verfügung stehen, sind nicht ausreichend. Für die Durchführungsstellen sind mehr Schulungen und der Aufbau von Kapazitäten erforderlich, während die Zielgruppe stärker sensibilisiert werden muss.

Die implizite Verhaltensabweichung der Zielgruppe von den derzeitigen Praktiken ist die Einführung effizienter Elektrohaushaltsgeräte durch die Haushalte und den Einzelhandel, um Qualitätsprodukte zu verkaufen. Um diese Ziele zu erreichen, sind obligatorische und freiwillige Instrumente erforderlich, die mit wirtschaftlichen Instrumenten wie Anreizen oder Subventionen kombiniert werden, wobei vor dem Einsatz der obligatorischen Instrumente eine Beobachtungsphase vorgesehen werden sollte.

Einige der Herausforderungen bei der Umsetzung von Energieeffizienzmaßnahmen für elektrische Haushaltsgroßgeräte in Nigeria sind: Unzureichende Finanzierungsquellen, das Fehlen eines nationalen Programms zur Förderung der Energieeffizienz von Elektrogroßgeräten, schwache Koordinierung zwischen den Durchführungsstellen, fehlende einheimische Energieeffizienztechnologien, keine Normen und

Kennzeichnungen für die Einfuhr energieeffizienter Geräte (mit Ausnahme der Norm für Leuchtstoffröhren, die dieses Jahr, 2014, in Kraft tritt) und Marktprobleme wie die Qualität der für die Verbraucher verfügbaren Geräte. Die folgenden Empfehlungen können bei der Formulierung und Umsetzung politischer Maßnahmen zur Verbesserung der Energieeffizienz von Elektrogroßgeräten in Nigeria hilfreich sein: Es bedarf eines starken politischen Willens, um die wichtigsten Durchführungsstellen zu befähigen, die Zusammenarbeit zwischen den Durchführungsstellen zu verbessern, die aktive Beteiligung des Privatsektors zu fördern, die Entwicklung von Normen und Kennzeichnungen für energieeffiziente Elektrogeräte zu beschleunigen, einen Energieeffizienz-Fonds einzurichten und Nigeria könnte die Maßnahmen der ECOWAS-Kommission für erneuerbare Energien und Energieeffizienz übernehmen.

EXPERT 5

Die wichtigsten politischen Maßnahmen, die seit 2008 auf die Energieeffizienz von elektrischen Haushaltsgeräten in Nigeria abzielen, sind im NEP 2003 verankert: (i) Die Energieeinsparung soll auf allen Ebenen der Nutzung der Energieressourcen des Landes gefördert werden (ii) Das Land soll die Entwicklung und Einführung energieeffizienter Methoden der Energienutzung fördern. Der NEP 2003 wird jedoch derzeit überarbeitet. Zur Umsetzung der Politik gehören das CFL-Projekt der ECOWAS-KUBANISCHEN REGIERUNG in Höhe von 1 Mio. CN, das UNDP-GEF-Energieeffizienzprogramm und der interministerielle Ausschuss für Energieeffizienz und erneuerbare Energien, der daran arbeitet, erneuerbare Energien und Energieeffizienz in die nationalen Planungsstrategien einzubeziehen.

Die beteiligten Regierungsstellen, die sich mit der Energieeffizienz von Haushaltsgeräten befassen, sind NERC, ECN, das Energieministerium, das nigerianische Forschungsinstitut für Gebäude und Straßen (NBRRI), SON, der nigerianische Zoll und das Bundesumweltministerium. Das ECN und das Energieministerium formulieren Politiken und strategische Planungen für Elektrohaushaltsgeräte, das NERC entwickelt regulatorische Rahmenbedingungen, um die Effizienz sowohl auf der Angebots- als auch auf der Nachfrageseite zu gewährleisten, das FME fördert die Verwendung effizienter Elektrohaushaltsgeräte, um die Auswirkungen des Klimawandels abzuschwächen, das SON setzt die Normen für Elektrohaushaltsgeräte durch, der nigerianische Zoll kontrolliert den Zustrom ineffizienter Geräte über die Grenzen und das NBRRI entwirft Bauvorschriften. Die National Environmental Standards, Regulatory and Enforcement Agency (NESREA) ist nicht in die Steuerung der Energieeffizienz von Elektrohaushaltsgeräten eingebunden. Die Behörde ist für die Verhinderung von Elektroschrott zuständig und kann verlangen, dass ineffiziente Geräte nicht ins Land gelassen werden. Zwischen allen Regierungsbehörden, die sich mit der Energieeffizienz von Elektrogroßgeräten befassen, besteht eine freundschaftliche Arbeitsbeziehung, und wenn kein Vertrauen besteht, wird es keine gegenseitige Zusammenarbeit zwischen den Behörden geben. Das NBRRI wird bei der Verwaltung von elektrischen Haushaltsgroßgeräten in Nigeria nicht mitgenommen.

Das ECN und NERC haben einen starken Einfluss auf Verhaltensänderungen bei der Steuerung der Energieeffizienz von elektrischen Haushaltsgroßgeräten in Nigeria ausgeübt. Das ECN hat Maßnahmen zur Förderung der Energieeffizienz großer Haushaltsgeräte durch Workshops, Konferenzen, Seminare usw. umgesetzt, und NERC hat durch Verbraucherversammlungen, Tariferhöhungen und Kampagnen in den Massenmedien große Wirkung erzielt.

Die Interessenvertreter bei der Steuerung der Energieeffizienz von elektrischen Haushaltsgroßgeräten in Nigeria sind die oben genannten Regierungsstellen. Die Motivation der NERC, Energieeffizienz für elektrische Haushaltsgroßgeräte einzuführen, ergibt sich aus ihrem Auftrag (Schaffung einer effizienten Elektrizitätswirtschaft) und der Optimierung der von den Verbrauchern gezahlten Gelder als Ergebnis der Effizienz auf der Angebotsseite. Die Interaktion mit anderen Interessengruppen erfolgt über Workshops, Expertenausschüsse und Stromverbraucherversammlungen, die normalerweise von der NERC initiiert werden.

Das CFL-Projekt der ECOWAS und der kubanischen Regierung in Höhe von 1 Mio. CN sowie das UNDP-GEF-Projekt haben eine starke Koalition von Akteuren geschaffen, die sich für die Verbesserung der Energieeffizienz von Elektrohaushaltsgeräten in Nigeria einsetzt, und dies hat auch zu einer Verhaltensänderung und zu einer Reform der Verwaltung von Elektrohaushaltsgeräten in Nigeria geführt.

Im Allgemeinen sehen die Kunden die unmittelbaren Kosten einer Investition in effiziente Elektrohaushaltsgeräte, aber die Bewusstseinsbildung über die Vorteile der Einführung energieeffizienter Haushaltsgeräte geht dieses Problem an, Key Performance Indices (KPI) werden zur Überwachung der Effizienz auf der Angebotsseite verwendet, da die Verluste im System auf die Verbraucher übertragen werden, die die Kosten tragen müssen, und das Fehlen einer strengen Überwachung der Gerätenormen auf Marktebene hält die Verbraucher vom Kauf effizienter Geräte ab.

Die Ziele der verschiedenen Behörden sind aufeinander abgestimmt, und dies geschieht durch Konsultation der Interessengruppen. Auch der politische Ehrgeiz unterscheidet sich vom Status quo: Die technischen Verluste im System wurden von 14 % auf 8 % gesenkt, die vorausbezahlte Messung kontrolliert den

Stromdiebstahl und der monatliche KPI-Bericht überprüft die Effizienz auf der Angebotsseite. Die wichtigsten politischen Instrumente, die die NERC zur Verbesserung der elektrischen Haushaltsgeräte einsetzt, sind die Tarife und die KPI-Normen. Die Durchführungsstellen sind gut über die Instrumente informiert, insbesondere über die Umsetzung der KPI. Die Verbraucher werden in der Regel durch Verbraucherversammlungen informiert, die nur einen sehr geringen Prozentsatz der Verbraucher erfassen; daher ist noch viel Aufklärungsarbeit bei den Verbrauchern erforderlich.

Die damit verbundene Verhaltensänderung besteht darin, den Verbrauch von Haushaltsgeräten zu verringern und die Verbraucher zu effizientem Verhalten zu bewegen. Für die Stromerzeuger ist ein verbindliches Instrument erforderlich, damit sie die KPI einhalten, und jede Abweichung zieht normalerweise Sanktionen nach sich. Freiwillige Instrumente sollten eingesetzt werden, um die Einführung von Haushaltsgeräten durch die Verbraucher zu fördern. Vor dem Einsatz verpflichtender Instrumente sollte eine Beobachtungszeit eingeräumt werden, und es sollten Anreize für Veränderungen geschaffen werden, insbesondere für die Hersteller, damit sie auf effiziente Technologien umsteigen.

Einige der Herausforderungen, die sich bei der Umsetzung der Politik für Elektrohaushaltsgeräte stellen, sind mangelndes Bewusstsein, ein ineffizienter Markt, unzureichende Kapazitäten, fehlende Ressourcen und soziale Fragen wie das Verhalten der Nutzer bei der Wahl der zu kaufenden Geräteart. Für eine wirksame Politikformulierung und -umsetzung im Bereich der Elektrogroßgeräte für den Haushalt sollte (i) die Regierung die Führung übernehmen, indem sie die besten Praktiken für EE in den Büros umsetzt, (ii) Fachleute wie Bauherrenvereinigungen, die Vereinigung professioneller Architekten, COREN, NSE sollten Teil der Interessengruppen bei der Steuerung von EE für Elektrogroßgeräte für den Haushalt in Nigeria werden und (iii) die Regierung sollte einen Haushalt aufstellen und Geld für die Umsetzung der Politik bereitstellen.

EXPERT 6

Die wichtigsten politischen Maßnahmen, die auf die Energieeffizienz von elektrischen Haushaltsgroßgeräten in Nigeria abzielen, sind im NEP 2003 dargelegt, das eine allgemeine Aussage ist und nicht speziell auf elektrische Haushaltsgroßgeräte abzielt. Einige der Praktiken und politischen Maßnahmen, die durchgeführt wurden und derzeit noch laufen, sind das 1-Million-CFL-Projekt und das UNDP-GEF-Energieeffizienzprogramm.

Die beteiligten Regierungsbehörden, die sich mit der Energieeffizienz von elektrischen Haushaltsgeräten befassen, sind das ECN und seine Forschungszentren sowie das NERC. Das ECN ist für die Formulierung der Politik und die Planung der Energieeffizienz von Elektrohaushaltsgeräten zuständig, die Forschungszentren befassen sich mit der Forschung und Entwicklung zu Fragen der Energieeffizienz, während das NERC sich mit der Effizienz auf der Angebotsseite befasst, um die technischen Verluste zu verringern, und auch das Bewusstsein für die Förderung energieeffizienter Geräte durch Verbraucherversammlungen schärft. Es gibt keine fehlende Agentur, da alle notwendigen Regierungsbehörden mit einbezogen werden. Es gibt ein gutes Maß an Kooperation und Zusammenarbeit zwischen den verschiedenen beteiligten Regierungsstellen.

Die NERC hat durch die Erhöhung der Stromtarife und die Einführung von Prepaid-Zählern eine Verhaltensänderung bewirkt, auch wenn der Verbreitungsgrad von Prepaid-Zählern derzeit nur etwa 30 % beträgt. Auch ECN und UNDP-GEF haben durch die Umsetzung des Programms für effiziente Beleuchtung und das laufende UNDP-GEF-Energieeffizienzprogramm viel bewirkt.

Die an der Steuerung der Energieeffizienz von elektrischen Haushaltsgroßgeräten in Nigeria beteiligten Akteure sind Regierungsbehörden, die sich mit EE in Nigeria befassen. Die Motivation der NERC, sich mit der Energieeffizienz von elektrischen Haushaltsgroßgeräten zu befassen, besteht darin, den Stromverbrauchern zu helfen, weniger für die Stromrechnung auszugeben, die Auswirkungen der Stromnachfrage auf das Stromnetz zu verringern und einen effizienten Strommarkt zu schaffen.

Die Interaktion mit anderen Interessengruppen wird normalerweise durch Workshops, Gemeindeversammlungen, Verbraucherversammlungen und Verbraucherbeschwerden organisiert, die normalerweise von der NERC initiiert werden. Das UNDP-GEF-Energieeffizienzprogramm schafft eine starke Koalition, die dazu beitragen wird, die Energieeffizienz der wichtigsten elektrischen Haushaltsgeräte in Nigeria zu verbessern. Die Energiepolitik der NERC befasst sich mit Problemen wie Tarifen, einem ineffizienten Markt und technischen Verlusten.

Die verschiedenen Ziele aller an der Umsetzung der Energieeffizienzpolitik für elektrische Haushaltsgroßgeräte beteiligten staatlichen Stellen stimmen überein (etwa 90 %). Der politische Ehrgeiz weicht vom Status quo ab, da die Privatisierungspolitik der Stromerzeugungs- und -verteilungsunternehmen sich von dem unterscheidet, was zu Zeiten der Regierungsverantwortung üblich war. Den Verteilungsunternehmen wurden Vorgaben gemacht, um ihre technischen Verluste zu verringern und die Verbreitung von Prepaid-Zählern zu erhöhen.

Zu den von der NERC eingesetzten Instrumenten gehören Vorschriften, Kodizes, Sitzungen,

Forumsaktivitäten und Anordnungen (Anweisungen der Regulierungsbehörde an die Elektrizitätsunternehmen). Die Durchführungsstellen sind gut informiert, aber die Zielgruppe hat nur begrenzte Informationen. Die implizierte Verhaltensabweichung der Zielgruppe besteht darin, dass sie effiziente Geräte und bewährte Verfahren einführt. Die Instrumente sollten freiwillig sein, um Gerichtsverfahren zu vermeiden. Der Verbrauch pro Haushalt sollte anhand bestimmter Merkmale begrenzt werden, damit diejenigen, die mehr verbrauchen, auch mehr zahlen müssen.

Die Herausforderungen bei der Umsetzung von Energieeffizienzmaßnahmen für elektrische Haushaltsgroßgeräte in Nigeria sind die hohen Kosten effizienter Geräte, das Fehlen angemessener Informationen über die Vorteile der Verwendung energieeffizienter Geräte, die Nichtverfügbarkeit hochwertiger energieeffizienter Geräte auf dem Markt, fehlende Mittel seitens der Durchführenden und soziale Probleme wie das Verhalten bestimmter Verbraucher, die weiterhin ineffiziente Geräte verwenden. Für eine wirksame Politik zur Förderung der Energieeffizienz von Elektrogroßgeräten in Nigeria werden folgende Maßnahmen empfohlen: Sensibilisierung für die Bedeutung der Verwendung energieeffizienter Geräte, SON sollte sicherstellen, dass nur energieeffiziente Geräte in das Land eingeführt werden, die Stromversorgungsunternehmen sollten in die Sensibilisierung einbezogen werden, damit sie ihre Kunden erreichen können, und die Regierung sollte Energieeffizienz zu einem Schwerpunktthema machen, um sicherzustellen, dass jeder Haushalt energieeffiziente Geräte verwendet.

EXPERT 7
Die wichtigste Politik, die auf die Energieeffizienz von elektrischen Haushaltsgroßgeräten in Nigeria ab dem Jahr 2008 bis heute abzielt, ist die des NEP 2003, die nicht speziell auf elektrische Haushaltsgeräte ausgerichtet ist. Ich kann daraus schließen, dass es vor Ort keine Politik gibt, die sich mit elektrischen Haushaltsgeräten befasst, aber der NEP 2003 wird derzeit überarbeitet und ein Abschnitt ist elektrischen Haushaltsgeräten gewidmet. Zu den Maßnahmen und Praktiken, die umgesetzt werden, gehören die Sensibilisierung und die Erziehung zur Energieeffizienz in Sekundarschulen, das Projekt "Eine Million CFL" und das UNDP-GEF-Programm zur Energieeffizienz.

Die beteiligten Regierungsbehörden, die sich mit der Energieeffizienz von elektrischen Haushaltsgroßgeräten befassen, sind das NCEEC, das für Forschung, Datenerfassung und Tests zur Effizienz in all ihren Verästelungen (einschließlich Haushaltsgeräten) zuständig ist; das ECN, das für die Formulierung der Politik und die strategische Planung verantwortlich ist, sowie für die Förderung effizienter Haushaltsgeräte durch Demonstrationsprojekte und Bewusstseinsbildung; das SON, das für die Festlegung und Durchsetzung von Standardspezifikationen für elektrische Haushaltsgeräte zuständig ist, und das NERC, das Vorschriften für Stromtarife erlässt und die Verbraucher vor überhöhten Rechnungen schützt. Dies sind die relevanten Stellen, die für die Steuerung der EE-Politik für Haushaltsgroßgeräte in Nigeria benötigt werden; daher gibt es keine fehlende Stelle.

Es gibt eine gewisse Zusammenarbeit zwischen den Behörden, die sich mit der EE von Haushaltsgroßgeräten in Nigeria befassen, aber diese ist nicht sehr stark. Das NCEEC war bisher nicht in vollem Umfang an der Zusammenarbeit mit anderen Behörden beteiligt, aber das wird sich in naher Zukunft ändern, da das NCEEC in Kürze eine Absichtserklärung mit dem SON unterzeichnen wird, um bei der Entwicklung und Prüfung von Normen für elektrische Haushaltsgeräte zusammenzuarbeiten.

Die Interessengruppen, die an der Steuerung der EE von elektrischen Haushaltsgroßgeräten in Nigeria beteiligt sind, sind die Regierungsbehörden, die sich mit EE in Nigeria befassen. Das UNDP-GEF EE-Programm arbeitet insbesondere daran, alle Beteiligten zusammenzubringen. Das NCEEC zeigt in der Region Lagos Wirkung, indem es Jugendliche, Bildungseinrichtungen und die Industrie sensibilisiert, sich bewährte EE-Verfahren anzueignen. Auch das 1-Million-CFL-Projekt und das UNDP-GEF-EE-Programm haben eine starke Wirkung erzielt - die Verbreitung von CFL in nigerianischen Haushalten hat zugenommen, und das UNDP-GEF-EE-Programm arbeitet daran, alle relevanten Interessengruppen zusammenzubringen, um die EE der wichtigsten elektrischen Haushaltsgeräte in Nigeria anzugehen. Die meisten Interessengruppen, die nicht der Regierung angehören, wurden bei der Umsetzung der Politik vernachlässigt, da die derzeitige Praxis zeigt, dass die Regierung die Politik im Moment allein vorantreibt.

Die Motivation der NCEEC, sich mit der EE von elektrischen Haushaltsgroßgeräten zu befassen, ist die Senkung des elektrischen Energiebedarfs (da die Haushalte 40 % des elektrischen Energiebedarfs in Nigeria ausmachen), die Verbesserung des Zugangs zu elektrischer Energie und die Verbesserung der Lebensqualität der Nigerianer. Bis jetzt hat NCEEC noch nicht mit anderen Interessengruppen interagiert, geschweige denn, dass sie organisiert wären. Es gibt jetzt einige Zusammenschlüsse, die durch das UNDP-GEF EE-Programm geschaffen wurden, um die Steuerung der EE von elektrischen Haushaltsgeräten zu verbessern.

Die derzeitige Politik und Praxis geht nicht auf alle Problembereiche ein, da das Marktproblem nicht angegangen wird. Die Ziele aller Durchführungsstellen sind jedoch aufeinander abgestimmt. Auch die politischen Ziele unterscheiden sich vom Status quo, aber der wirtschaftliche Status quo der Nigerianer ist ein großes Hindernis für die politischen Ziele.

Das einzige Instrument der derzeitigen Politik ist das Informationsinstrument, das zur Bewusstseinsbildung eingesetzt wurde, aber das wird sich ändern, da wirtschaftliche, freiwillige und obligatorische Instrumente vorgeschlagen werden. Die Durchführungsstellen werden in hohem Maße durch Workshops und Konferenzen informiert, aber die Zielgruppe braucht noch viele Informationen. Das Verhalten der Zielgruppe muss von den derzeitigen Praktiken abweichen, d. h. sie muss effiziente Geräte und vorbildliche Verfahren zur Energieeffizienz übernehmen. Um die Einführung energieeffizienter Elektrogeräte in den nigerianischen Haushalten zu erzwingen, sollte ein sehr starkes Instrument eingesetzt werden; andernfalls wird der Grad der Einhaltung gering sein.

Einige der Herausforderungen bei der Umsetzung der EE-Politik für elektrische Haushaltsgroßgeräte in Nigeria sind die Fähigkeit der Haushalte, für energieeffiziente Geräte zu zahlen, Marktprobleme aufgrund ineffizienter und minderwertiger Produkte auf dem Markt und fehlende Finanzmittel für die Durchführungsstellen, um die Einführung energieeffizienter Haushaltsgeräte in Nigeria zu fördern. Für eine wirksame Politikformulierung und -umsetzung zur Förderung der Energieeffizienz von Elektrogroßgeräten sollten wirtschaftliche Anreize in Form von Subventionen geschaffen werden, da die Kaufkraft der Nigerianer sehr gering ist, und zweitens sollten für alle Haushalte in Nigeria vorausbezahlte Zähler zur Verfügung gestellt werden.

EXPERT 8

Es gibt in Nigeria keine spezifische Politik, die auf die EE von elektrischen Haushaltsgroßgeräten abzielt, aber es gibt eine allgemeine Erklärung, die den Import von EE-Technologien im NEP 2003 unterstützt. Derzeit wird der NEP 2003 jedoch überarbeitet und eine spezifische Politik für Elektrohaushaltsgeräte vorgeschlagen. Zu den umgesetzten Maßnahmen und Praktiken gehören die Bewusstseinsbildung, das 1-Million-CFL-Projekt und das UNDP-GEF-EE-Programm.

Die beteiligten Regierungsstellen, die sich mit der Energieeffizienz von elektrischen Haushaltsgeräten in Nigeria befassen, sind NCEEC, ECN, SON und CPC. Das NCEEC befasst sich mit der Sensibilisierung der Gemeinden im Raum Lagos und in den Wohnsiedlungen, der Erforschung von Fragen der Energieeffizienz und der Durchführung von Grundlagenstudien für energieeffiziente Geräte. Das NCEEC arbeitet auch mit Entwicklungspartnern bei der Umsetzung von EE-Politiken und -Praktiken für elektrische Haushaltsgeräte in Nigeria zusammen. Das ECN ist für die Formulierung der Politik und die strategische Planung für EE bei Elektrohaushaltsgeräten in Nigeria zuständig, das SON setzt Normen für Elektrohaushaltsgeräte durch, das NERC hat kein direktes Mandat für EE bei Elektrohaushaltsgeräten, aber es sorgt für die Regulierung und Tarifierung der Stromnutzung, während die Aufgabe des CPC darin besteht, die Verbraucher vor minderwertigen Produkten auf dem Markt zu schützen. Das nigerianische Forschungsinstitut für Bauwesen und Straßenwesen wird bei der Behandlung von EE bei elektrischen Haushaltsgeräten in Nigeria nicht mit einbezogen. Gegenwärtig arbeiten die Regierungsbehörden zusammen, aber es besteht ein Bedarf an mehr Synergie.

ECN hat durch die Umsetzung des 1-Millionen-CFL-Projekts und die Zusammenarbeit mit dem UNDP-GEF-Energieeffizienzprogramm einen starken Einfluss auf Verhaltensänderungen und Managementreformen im Bereich der Energieeffizienz von Elektrohaushaltsgeräten in Nigeria erzielt. Alle Interessengruppen werden in die Umsetzung der EE-Politik, insbesondere für Elektrohaushaltsgeräte in Nigeria, einbezogen.

Die Beweggründe des NCEEC, sich mit der EE von elektrischen Haushaltsgeräten zu befassen, sind das Mandat zur Gründung des NCEEC, die Reduzierung des Energieverbrauchs, die Verbesserung der Lebensqualität der Nigerianer und die Verringerung der Energiearmut. Die Interaktion mit anderen Interessenvertretern wird durch Expertenausschusssitzungen, Konferenzen und Workshops organisiert und wurde durch das UNDP-GEF EE-Programm und die GIZ initiiert.

Das UNDP-GEF EE-Programm hat bis zu einem gewissen Grad eine Akteurskoalition zur Verhaltensänderung und Steuerung der EE von Elektrohaushaltsgeräten gebildet, indem es alle Interessengruppen zusammengebracht hat, um das Thema EE von Elektrohaushaltsgeräten anzugehen.

Die verschiedenen Probleme werden nacheinander angegangen, wie z. B. die Frage der vorausbezahlten Verbrauchsmessung und die Qualität der effizienten Geräte auf dem Markt. Außerdem arbeiten alle Durchführungsstellen daran, die Energieeffizienz von elektrischen Haushaltsgeräten zu erreichen. Das politische Ziel unterscheidet sich jedoch vom Status quo, da derzeit ein Bottom-up-Ansatz verfolgt wird, um die EE von Haushaltsgeräten zu erreichen.

Die derzeitige Politik sieht keinen Einsatz von Instrumenten vor, aber es werden Instrumente wie MEPS, Standards und Labels vorgeschlagen. Die Informationen, die den Durchführungsstellen zur Verfügung stehen, sind ausreichend, aber es ist mehr Bewusstseinsbildung und Aufklärung erforderlich, um die Zielgruppe zu informieren.

Die implizite Verhaltensabweichung besteht darin, dass die Haushalte effiziente Geräte und bewährte Verfahren übernehmen. Kurzfristig sind freiwillige Instrumente erforderlich, aber um ineffiziente Geräte in Nigeria abzuschaffen, sind verbindliche Instrumente notwendig.

Die Herausforderungen bei der Umsetzung der EE-Politik für elektrische Haushaltsgroßgeräte in Nigeria sind die Verbreitung von minderwertigen Geräten auf dem Markt, das Fehlen von vorausbezahlten Zählern, was zu einer geschätzten Abrechnung führt, der Mangel an Informationen, die hohen Kosten für EE-Geräte im Vergleich zur Einkommenskapazität der Nigerianer und das mangelnde Vertrauen der Menschen in die Formulierung und Umsetzung der Politik durch die Regierung. Für eine wirksame Politikformulierung und -umsetzung im Hinblick auf die EE von elektrischen Haushaltsgroßgeräten in Nigeria wird Folgendes empfohlen: Es sollten qualitativ hochwertige und effiziente Geräte auf dem Markt angeboten werden, die Einführung von Prepaid-Zählern in allen Haushalten, eine gezielte Bewusstseinsbildung, eine verstärkte Zusammenarbeit und Synergie zwischen den Regierungsbehörden und die Verabschiedung des NEP als Gesetz durch das Parlament, damit es durchsetzbar ist.

EXPERT 9

Die politischen Maßnahmen, die auf die Energieeffizienz in Nigeria abzielen, sind im NEP 2003 festgelegt, daher gibt es praktisch keine Maßnahmen, die speziell auf elektrische Haushaltsgroßgeräte ausgerichtet sind. Solche politischen Bemühungen sind immer noch im Gange, da sie noch nicht in ein Gesetz gegossen wurden. Praktiken, die auf elektrische Haushaltsgeräte abzielen, sind jedoch Teil der allgemeinen Sensibilisierungsprogramme des ECN und der Umsetzung des 1 Million CFL-Projekts und des UNDP-GEF-Energieeffizienzprogramms.

Die Regierungsbehörden, die sich mit der EE von Haushaltsgeräten in Nigeria befassen, sind hauptsächlich das ECN und seine Forschungszentren. Das ECN, das für die Formulierung der Politik und die strategische Planung für den Energiesektor in all seinen Verästelungen zuständig ist, hat sich an der EE von Haushaltsgeräten durch die Schaffung von Bewusstsein in Form von Seminaren, Workshops und der Verteilung von Handzetteln und Postern beteiligt. Zu den weiteren Aktivitäten des ECN gehören das 1-Millionen-CFL-Projekt und das laufende UNDP-GEF-EE-Programm. Andere Regierungsbehörden wie SON, Nigerian Customs, NERC, CPC und NOA wurden vor kurzem dank der Bemühungen des UNDP-GEF EE-Programms, alle Interessengruppen zusammenzubringen, um sich mit der EE von Haushaltsgeräten in Nigeria zu befassen, einbezogen. SON ist für die Festlegung und Durchsetzung von Normen zuständig, NOA für die Bewusstseinsbildung, vor allem an der Basis, und der nigerianische Zoll soll den Zustrom von minderwertigen Geräten über die Landesgrenzen kontrollieren und verhindern. Es gibt keine fehlende Behörde, da das UNDP-GEF EE-Programm alle relevanten Regierungsbehörden zusammengebracht hat.

Es gibt zwar eine gewisse Zusammenarbeit zwischen den Agenturen, aber das Fehlen politischer Vorgaben und geeigneter Rahmenbedingungen seitens der Regierung hat dazu geführt, dass das Bundesministerium für Energie an der EE-Politik arbeitet, ohne mit dem ECN zusammenzuarbeiten. Das ECN hat durch die Umsetzung des 1-Millionen-CFL-Projekts und die Zusammenarbeit mit dem UNDP-GEF-Energieprogramm einige Auswirkungen erzielt, die jedoch nicht messbar und vergleichbar sind, da es keine Datenbank gibt, mit der die Fortschritte im Vergleich zu den festgelegten Zielen gemessen werden können.

Die Regierungsbehörden, die sich mit EE in Nigeria befassen, sind die Beteiligten an der Steuerung der EE von Haushaltsgeräten in Nigeria. Man kann nicht schlüssig behaupten, dass irgendein Interessenvertreter von der Umsetzung der Politik ausgeschlossen ist, da es eigentlich keine funktionierende Politik gibt, die sich rechtfertigen ließe.

Die Beweggründe des Nationalen Zentrums für Energieforschung und -entwicklung (NCERD), sich mit der Energieeffizienz von Haushaltsgroßgeräten zu befassen, sind Kosten- und Energieeinsparungen, die Eindämmung des Klimawandels und Energiesicherheit. Die Interaktion mit anderen Akteuren wird durch Seminare und Workshops organisiert und geht hauptsächlich auf das ECN zurück. Als Akteurskoalition können die Bemühungen des beim ECN angesiedelten UNDP-GEF-Programms und die Zusammenarbeit zwischen dem ECN, den ECOWAS und der kubanischen Regierung bei der Bereitstellung von CFLs als Ersatz für Glühlampen genannt werden.

Es gibt keine Politik, aber die derzeitige Praxis befasst sich mit Fragen wie der Qualität von CFL auf dem Markt, Normen und Kennzeichnungen, der Verbreitung von Prepaid-Messgeräten und der Frage der Anreize zur Deckung der Kosten für energieeffiziente Geräte. Die verschiedenen Ziele aller Durchführungsstellen zielen auf die Einführung effizienter Geräte in den Haushalten ab. Die politischen Ambitionen unterscheiden sich vom Status quo, da das NEP 2003 derzeit überarbeitet wird und das UNDP-GEF EE-Programm einen Bottom-up-Ansatz bei der Formulierung der Politik für die wichtigsten elektrischen Haushaltsgeräte in Nigeria anwendet.

In der aktuellen Politik ist kein Instrument spezifiziert, aber Informationsinstrumente wie Bewusstseinsbildung und Bildungsprogramme durch Workshops und Seminare wurden hauptsächlich zur Förderung von EE eingesetzt. Die Durchführungsstellen verfügen über ein gewisses Maß an Informationen durch Schulungen, Workshops und verschiedene Maßnahmen zum Kapazitätsaufbau, insbesondere durch das UNDP-GEF EE-Programm, aber es besteht ein großer Mangel an Informationen auf Seiten der Zielgruppen. Die implizite Verhaltensabweichung ist die Übernahme von EE-Geräten und bewährten Verfahren durch die Haushalte. Nigeria braucht ein sehr starkes Instrument wie die Einführung von MEPS und ein vollständiges Verbot ineffizienter elektrischer Haushaltsgeräte, aber vor der vollständigen Umsetzung sollte eine Zeit der Beobachtung eingeplant werden.

Einige der Herausforderungen, mit denen die derzeitige Praxis konfrontiert ist, sind der Mangel an Finanzmitteln für die Umsetzung der Politik, der Mangel an Informationen, das Fehlen von vorausbezahlten Zählern, die schlechte Qualität der auf dem Markt erhältlichen CFLs und die hohen Kosten der EE-Geräte. Für eine wirksame Politikformulierung zur Förderung der Energieeffizienz von Elektrogroßgeräten in Nigeria kann der Politikgestaltungszyklus hilfreich sein: Definition der Ziele, Festlegung einer Gesamtstrategie zur Erreichung des Ziels, Entwicklung konkreter politischer Maßnahmen zur Umsetzung dieser Strategie, Durchsetzung und Überwachung der politischen Maßnahmen sowie deren Einhaltung und Bewertung. Dies bedeutet, dass ein politisches Dokument mit Zielen, die realistisch, erreichbar, vorhersehbar und messbar sind, erstellt und in der Gesetzgebung verfolgt wird. Ein solches Dokument sollte nicht nur kohärent sein, sondern auch langfristige Ziele haben, zugänglich und transparent sein und über engstirnigen Interessen stehen.

EXPERT 10

Es gibt keine spezifische Politik, die auf die Energieeffizienz der wichtigsten Haushaltsgeräte in Nigeria ab dem Jahr 2008 bis heute abzielt, da die politische Erklärung im NEP 2003 eine allgemeine Erklärung ist. Die Umsetzung der Politik und die Praxis sind das 1-Million-CFL-Projekt, das UNDP-GEF-EE-Programm und verschiedene Workshops und Werbeaktivitäten des ECN.

Die Regierungsbehörden, die sich mit der EE der wichtigsten Haushaltsgeräte in Nigeria befassen, sind ECN, NCEEC, SON, NERC, FMP, FME und CPC. Das ECN befasst sich mit der Formulierung der Politik und der strategischen Planung durch Bewusstseinsbildung und Zusammenarbeit mit verschiedenen Regierungsstellen und internationalen Organisationen. Dies hat zur Gründung des NCEEC, zum 1-Millionen-CFL-Projekt und zum UNDP-GEF-EE-Programm geführt. Das NCEEC befasst sich mit Forschung, Entwicklung von EE, Schulung, politischen Empfehlungen, Interessenvertretung und Kapazitätsaufbau, das SON mit der Durchsetzung von Normen und der Entfernung von minderwertigen Geräten vom Markt, das NERC mit der Regulierung der Elektrizitätswirtschaft und der Förderung von EE, der Entwicklung von Tarifen und der Einführung von vorausbezahlten Zählern, um sicherzustellen, dass die Verbraucher ordnungsgemäß abgerechnet werden, das FMP mit EE, aber nicht speziell mit Haushaltsgeräten, das FME mit EE, um den Klimawandel einzudämmen, und das CPC mit dem Schutz der Verbraucher vor Produktqualität. NAESREA ist nicht in die EE von Haushaltsgeräten involviert und hat das Mandat, sich mit Elektronikschrott zu befassen, was zu einer konkreten nationalen EE-Politik führen könnte.

Die Zusammenarbeit zwischen den verschiedenen Regierungsstellen ist herzlich. Dies wird durch Sitzungen von Expertenausschüssen, Workshops und Brainstorming zu EE-Fragen belegt, um eine gemeinsame Lösung zu finden. Das ECN hat durch die Umsetzung des 1-Millionen-CFL-Projekts einen gewissen Einfluss auf die Verhaltensänderung und die Erhöhung der Nutzung effizienter Lampen genommen. Das Projekt steigert auch das Bewusstsein der Verbraucher für Energieeffizienz.

Die Interessenvertreter bei der Steuerung von Elektrohaushaltsgeräten sind die mit Elektrohaushaltsgeräten befassten Regierungsstellen in Nigeria. Meinem Verständnis nach sind alle Interessengruppen an der Steuerung der EE von Elektrohaushaltsgeräten in Nigeria beteiligt.

Die Motivation des Nationalen Zentrums für Energieforschung und -entwicklung (NCERD), sich mit der Energieeffizienz von Haushaltsgeräten zu befassen, ist der Auftrag, das Zentrum einzurichten, den Energieverbrauch zu senken und dadurch die Wirtschaft zu verbessern und die Gesellschaft zu stärken. Die Interaktion mit anderen Interessengruppen wird durch Workshops und Sitzungen von Expertenausschüssen organisiert, die meist vom ECN oder manchmal vom NCERD initiiert werden. Die Zusammenarbeit des ECN mit dem UNDP-GEF EE-Programm hat dazu geführt, dass alle wichtigen Akteure gemeinsam an der Verbesserung der Energieeffizienz von Elektrohaushaltsgeräten arbeiten.

Die Entflechtung der Power Holding Company of Nigeria (PHCN) ist einer der Schritte, die unternommen wurden, um die Energieverschwendung zu bekämpfen. Die Stromversorgungsunternehmen wurden aufgefordert, die Verbreitung von Prepaid-Zählern zu erhöhen. Die NERC arbeitet auch an akzeptablen Tarifen für Kunden und Erzeuger von Strom. UNDP-GEF arbeitet in Zusammenarbeit mit ECN und SON an der Einführung von MEPS, Standards und Labels für Geräte, um die Qualität der Geräte auf dem Markt zu verbessern.

Die Ziele der verschiedenen Durchführungsstellen stimmen zwar überein, aber die Synergieeffekte sind gering, was zu einer Überschneidung der Funktionen geführt hat. Das politische Ziel unterscheidet sich vom Status quo, da das UNDP-GEF EE-Programm einen Bottom-up-Ansatz verfolgt, um die EE von elektrischen Haushaltsgeräten in Nigeria anzugehen.

Es gibt weder eine Politik noch ein bestimmtes politisches Instrument, aber Information und Sensibilisierung sind die wichtigsten Instrumente, die eingesetzt werden. Andere Instrumente, wie wirtschaftliche, obligatorische und freiwillige Instrumente, werden derzeit vorgeschlagen. Die Durchführungsstellen verfügen über ein gewisses Maß an Wissen, das aus den Schulungs- und Kapazitätsaufbauprogrammen des UNDP-GEF-EE-Programms resultiert, aber es besteht ein großes Informationsdefizit bei der Zielgruppe. Die implizite Verhaltensabweichung besteht darin, dass die Haushalte effiziente elektrische Haushaltsgeräte verwenden sollten. Es werden wirtschaftliche Instrumente benötigt, um die Einführung effizienter Elektrohaushaltsgeräte in Nigeria zu fördern.

Einige der Herausforderungen, die sich bei der Umsetzung der EE-Politik für Haushaltsgroßgeräte in Nigeria stellen, sind fehlende Finanzmittel, fehlende Informationen, fehlende Politik, fehlende vorausbezahlte Zähler, fehlende Normen und Gütesiegel, Marktprobleme und ein niedriges Haushaltseinkommen (geringe Kaufkraft).

Für eine effektive Politikformulierung und -umsetzung zur Förderung der Energieeffizienz von elektrischen Haushaltsgeräten in Nigeria sollte es ein nationales Energieeffizienzprogramm für elektrische Haushaltsgeräte geben, das von der Regierung angemessen finanziert werden sollte. Es ist notwendig, das Bewusstsein zu schärfen, die Synergie zwischen den Durchführungsstellen zu erhöhen, die Entwicklung von Standards und Labels zu beschleunigen und den nigerianischen Zolldienst zu stärken, um den Zustrom ineffizienter Geräte ins Land zu stoppen.

Milton Keynes UK
Ingram Content Group UK Ltd.
UKHW030831260824
447446UK00002B/240